校徽释义

湖南生物机电职业技术学院
Hunan Biological And Electromechanical Polytechnic
1903

校徽以水稻、齿轮、芙蓉花为主体设计元素，体现学校“和·实”的文化主线，与反映务本崇实、与时俱进、为时养器内在精蕴的校训、校风、办学宗旨等主要理念相契合。该标志以绿色为主色调，绿色象征生机和希望，符合以农业为基础的高职学校的特征。

以湖南地区的主要农作物水稻为设计元素，蕴含着学校百年办学的成熟和收获，也是对原名誉院长、世界著名杂交水稻专家袁隆平院士创新务实精神的褒扬。齿轮，简要标识马坡岭校区的相关专业；吐蕊欲放的芙蓉花，既标识坐落在长沙市芙蓉区的主校区的农学类专业，彰显学校地域文化特征，同时，又寓意学校作为湖南高职品牌，在创建华夏职教名校的征程上具有无限的上升潜力和发展空间。

水稻、齿轮和芙蓉花，分而各有独立内涵，合而组成有机整体，相辅相成，刚柔相济，寓意两个校区和融竞进，学校作为一个整体，呈现蓬勃生机与活力，面向未来再创辉煌。整个标志形式简洁、灵动，内涵丰富且充满韵味，具有鲜明的识别性和视觉冲击力。

历史沿革

1903

湖南私立修业学堂

校址：长沙城南
高家码头

1920

湖南修业农业学校

校址：长沙新开铺
熊家巷田山

1950

湖南省农林专修学校

校址：长沙新开铺

1951

湖南农学院高农部

校址：长沙市韭菜园

1952

湖南省长沙农业学校

校址：长沙市东塘

1954

开物农校一个班
津市农校三个班
郴州农校农艺科两个班
并入湖南省长沙农业学校

1952 湖滨农校
1963 省畜牧兽医学校
1974 衡阳水产学校
并入湖南省长沙农业学校

1958

湖南省农业机械化学校
校址：长沙市马坡岭

1997

改名为
湖南省机电工程学校

2001

湖南省机电工程学校
与湖南省长沙农业学校
合并为
湖南生物机电职业技术学院

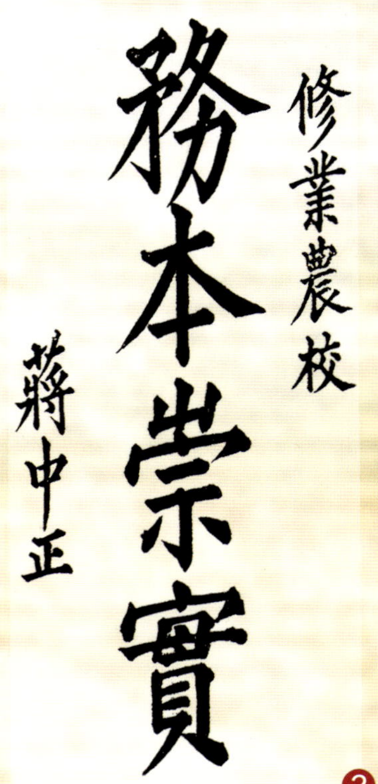

2

1 修业学堂校长周震鳞为修业学校三十周年校庆题词

2 国民政府总统蒋介石为修业农校四十周年校庆题词

3 著名教育家、学者、国民政府湖南省教育厅厅长的朱经农为修业农校四十周年校庆题词

4 修业农校校长彭国钧题词

5 国民政府教育部部长陈立夫为修业农校四十周年校庆题词

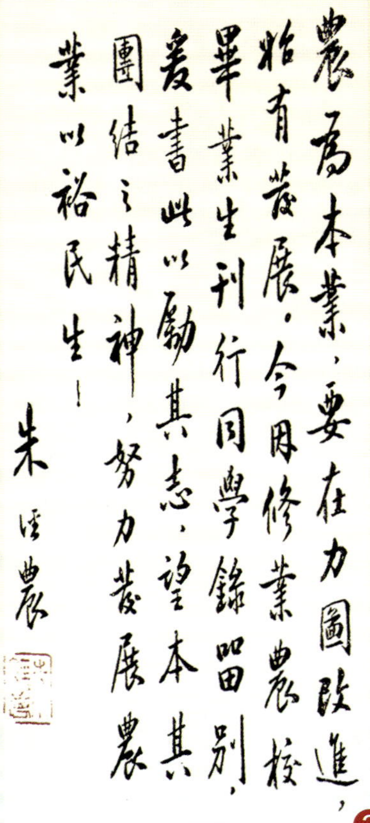

3

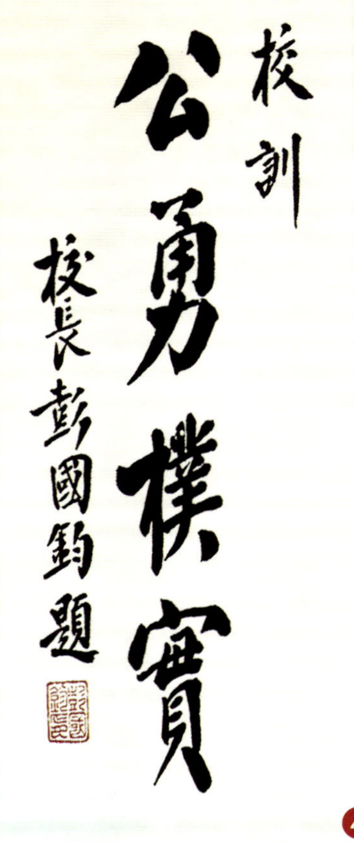

4

5

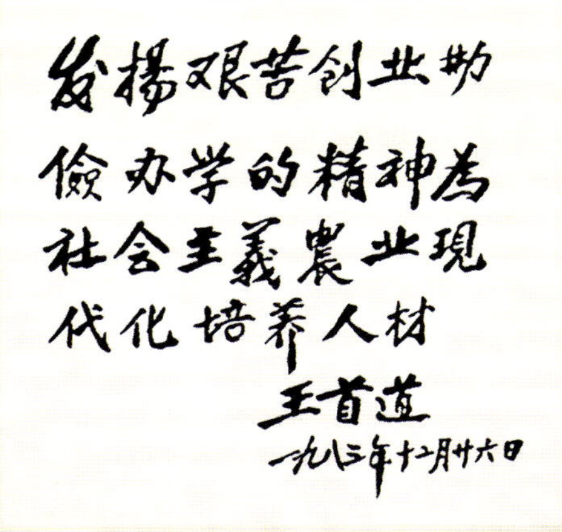

修业校友、中顾委常委王首道
为湖南省长沙农业学校题词

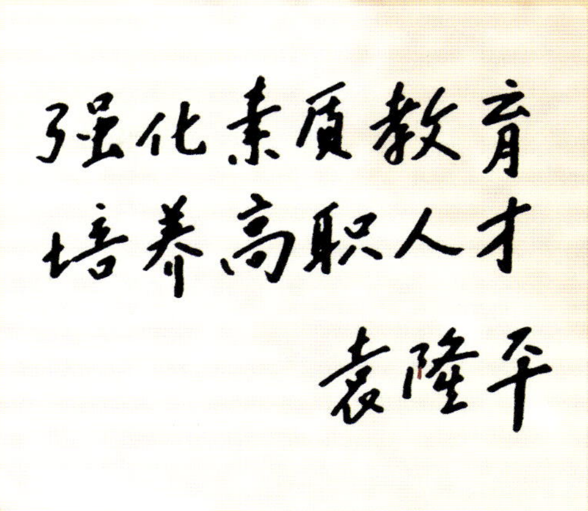

杂交水稻之父袁隆平为学院百年校庆题词

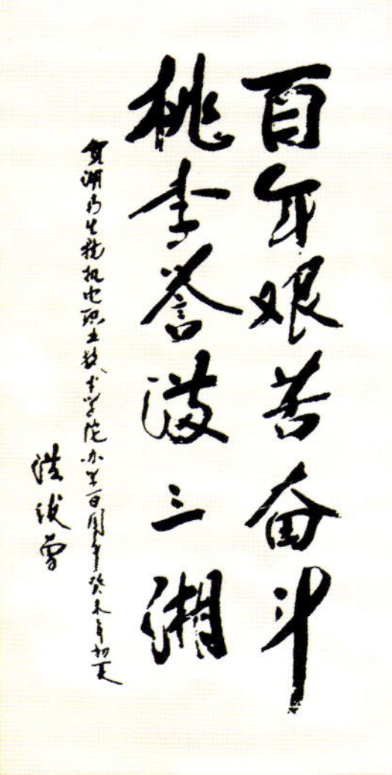

时任全国人大常委洪绂曾
为学院百年校庆题词

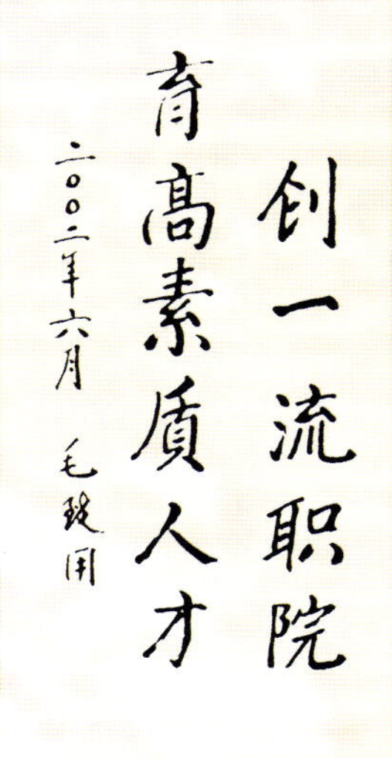

时任全国政协副主席毛致用
为学院题词

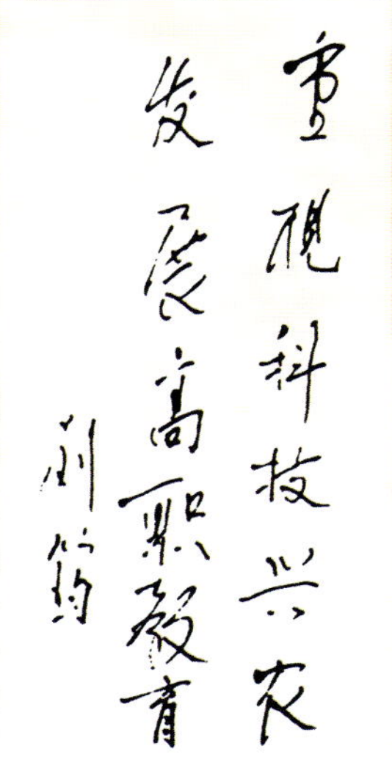

中国工程院院士刘筠
为学院百周年校庆题词

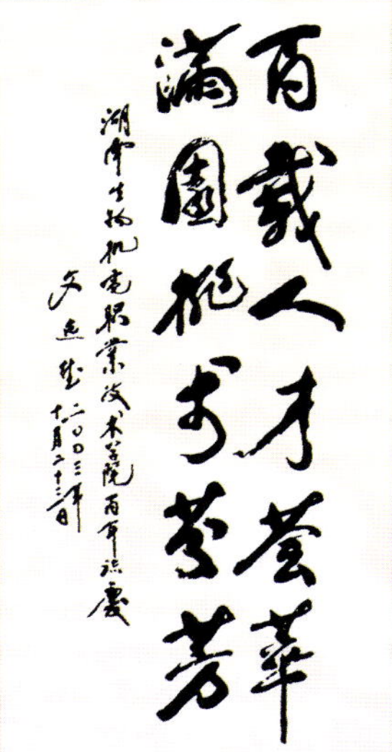

时任湖南省委副书记文选德
为学院百周年校庆题词

修业学校体育教员
黄兴

修业学校国文教员
徐特立

修业启明星
周震鳞

修业磨血人
彭国钧

修业学校主事
姚舜生
（后任长沙农业学校首任校长）

校友
王首道
（当时名王芳林）

校董
俞芳午

校董
梅季青

校董
狄昂人

校董
王国涛

校董
王復循

校董
许月川

校董
王希烈

校董
何志姜

校董
王士健

校董
姜济环

校董
李云波

校董
仇亦山

历史沿革

修业农校校董合影

修业学校校门

修业农校温室

修业农校校舍

修业农校图书馆

修业第一小学首次留影

修业农校二十周年校庆

《修农》专刊

修业校歌

本校學生實習之六

本校學生實習之十

本校學生實習之七

本校學生實習之九

长沙农校任期最长的校长

罗特

长沙农校农艺科第二班毕业照

（1953 年）

长沙农校校门

长沙农校实习牧场

长沙农校学生实习

农业机械化学校首任校长

刘计

农业机械化学校附属机械厂

（1959 年）

农业机械化学校校舍

农业机械化学校实习加工厂

农业机械化学校旧校门

农业机械化学校校门

第一届领导班子

第二届领导班子

百年辉煌

——湖南生物机电职业技术学院简史

主编　史明清

中国轻工业出版社

图书在版编目（CIP）数据

百年辉煌：湖南生物机电职业技术学院简史 / 史明清主编. —北京：中国轻工业出版社，2023. 9

ISBN 978-7-5184-4490-8

Ⅰ. ①百… Ⅱ. ①史… Ⅲ. ①湖南生物机电职业技术学院—校史 Ⅳ. ①G719. 286. 4

中国国家版本馆 CIP 数据核字（2023）第 149317 号

责任编辑：张文佳
文字编辑：李金慧　　责任终审：劳国强　　封面设计：锋尚设计
版式设计：砚祥志远　　责任校对：晋　洁　　责任监印：张　可

出版发行：中国轻工业出版社（北京东长安街 6 号，邮编：100740）
印　　刷：三河市国英印务有限公司
经　　销：各地新华书店
版　　次：2023 年 9 月第 1 版第 1 次印刷
开　　本：889×1194　1/16　印张：12. 75
字　　数：300 千字　插页：6
书　　号：ISBN 978-7-5184-4490-8　定价：48. 00 元
邮购电话：010-65241695
发行电话：010-85119835　传真：85113293
网　　址：http：//www. chlip. com. cn
Email：club@ chlip. com. cn
如发现图书残缺请与我社邮购联系调换
230634J2X101HBW

百年辉煌赋

浏水九曲，雪浪清波，潆洄激越，浩浩汤汤。所到流经，集晖钟瑞，雨膏烟腻，物庶地饶。癸卯是岁，时序维秋，实干湘人，更行德修。周公震鳞，奋臂一呼，群贤毕至革命救国，名士云集教育兴邦。修业筑巢，鲲鹏展翅自兹始；学堂萌蘖，蕙芷送芳向明朝。

修业草创，九年七迁，蓬牖茅椽，湫隘嚣尘，为炊无隔夜之粮，教学惟立锥之地。然师生兴教救国初心不改，求学上进热情恒在。黄公克强，任教员而建华兴；徐公茂生，授国文而作血书；开国领袖，毛公润之，昔日修业主事，曩者历史教员，教育与革命不辍，笔耕和实干不止；少年田汉，题名修业，国歌之父，求学为汉；校友润菊，从戎报国，舍生成仁，永垂不朽。煌煌修业，人杰鬼雄，精神不改，绿水长流。

校以人闻名，国以农为本。管子有云：百年树人，一树百获。修业校董，深慨于斯，修业前途，务本在农。巳己之岁，改制既成，农业为重，职业优先。正可谓：农校肇基正名造册，为时养器初具规模。

申戌八月，彭公主事，修业晋级，高农是立，专业繁茂，师资殷实，教研并重，学做一体。一时间，修业饮誉湖湘，学校扬名华夏。

己丑金秋，开国大典，修业农校，如沐春风。学子莘莘，人才济济，江河奔涌，薪火相传。农机学校，戊戌始建，既立既成，载欣载荣。砥砺前行，开拓创新，桃李满园，海内中坚。辛巳五月，草长莺飞，修业农机，合二为一。百年征程，一朝飞跃，生物机电，如日方升。

百年盛筵余温尤暖，廿载耕耘佳期又至。今之旗手，德才兼备，经明行修，运筹帷幄，校运亨通，院务日隆。名誉院长，袁公隆平，专注田畴，不务名利，鲐背之年，再创惊奇：一粒种子，贰千亩产，国家勋章，我校荣光。甫有喜讯，又传捷报：国家双高，职院标杆，幸甚我校，榜上题名。膏壤满满，育神农氏之传人；稻菽青青，穰袁院士之梦田。务本崇实，实实惠民；修德精业，业业俱兴。凝心聚力，同气连枝，新人旧友，来日可期。

美哉修业，再助三农；善哉修业，再育良种；智哉修业，再造英才；壮哉修业，再写辉煌。

编撰人

庄洁

目　录

第一章 修业学堂

（1903—1952）

第一节 修业学堂的创建（1903—1917）

一、十二热血青年创校

辛亥革命前，“戊戌维新运动”的失败、《辛丑条约》的签订，标志着我国完全沦为半殖民地半封建社会。中华民族面临生死存亡的紧要关头。当时，不管是改良主义者还是民主革命派，都从各自不同的立场和需要出发，纷纷提出重教兴学。“在‘维新运动’前夕或期间，有不少先进知识分子或一些较开明的封建官僚如冯桂珍、郑观应、康有为、严复、李端棻、张之洞等人，都提出了学习西洋的办学模式来建立新学校制度的主张，并创办一些新式学校。”其后的孙中山、黄兴、章炳麟、蔡元培等革命党人，对教育更是尤为重视。但他们反对改良主义主张，认为教育必须为革命的利益服务，必须体现民主和科学的精神。为此，他们提出利用学校来进行革命活动，并常“以学堂为鼓吹之地”（孙中山语）。1902 年，蔡元培、章炳麟等在上海创立了教育机关——中国教育会，并开设爱国学社；当年冬，蔡元培又创设了爱国女校。在如火如荼的民主革命和蓬勃发展的兴教热潮的推动下，1903 年 3 月，长沙明德中学应运而生。同年，留学日本的黄兴回到长沙，受聘于明德中学任教。一时间，改革教育、兴办学校、服务革命和提倡科学与民主，便成了革命发展的重要内容之一。同年 8 月，一批有志于科学研究而又富有革命思想倾向的青年相继入学或肄业，以黄兴为代表的革命思潮迅速启迪并武装起明德中学的进步师生的思想，引起了明德中学内部局势的急剧变化，革命思潮的影响成为修业学堂创办的外因。

当时，为方便从事革命活动，这些受革命思潮影响的进步青年以周震鳞为领导，另有王桢干、郭琮翰、许推、李著勋、廖家鋆、魏先根、何积烺、梅伟杰、彭鼎年、黄昌濬、周教敷、张尔遗共12人，先后相继从明德中学退学，并倡议另组修业学堂，推周震鳞为监督，周震鳞、俞经诒、许玉屏为总办，校内诸事由他们12人分理。时有黄陂许奎垣、贵阳朱子陶、宁乡钱硕人等先生来校任教员。许玉屏先生慷慨捐资百金，租得城南高家码头民房作为校舍，定于当年8月18日正式开学。同年冬，经朱剑帆先生介绍，其亲戚魏子骥先生捐银400两，改租五堆子民房为校舍。于是这所由革命青年自己组织筹办的新兴学校——“湖南省私立修业学堂”宣告诞生。

辛亥革命大潮的有力推动和黄兴为首的革命者的思想影响，是修业学堂诞生的关键。“修业”，本为有益于革命事业而创，为磨炼培育一代贤才而诞生。修业教职员以身作则，无论面对艰难困苦，还是从事利国利民的革命活动，都要成为学生的表率。进步思想的启迪和革命形势的影响，激励着追求进步的青年们，从忧国忧民到走上救国救民的道路。其间，可歌可泣的史实层出不穷：1904年黄兴创立华兴会；1904年2月和1905年2月，先后有王桢干、郭琮翰、许推、魏先根、彭鼎年、廖家鋆、梅伟杰、何积烺、黄昌濬、周教敷共10人留学东洋，他们是修业学堂的创始人和第一期学生，后来都成了同盟会成员和辛亥革命的中坚力量。他们为办好学校而竭尽心力，贡献卓越。1909年，举国为铁路国有问题促开国会，徐特立进行爱国演说并断指血书；还有辜天佑（1912年任校董）、曹孟其上书抚院为民请命；黄昌濬、彭怡舫等为革命在校秘制炸弹；1911年，湖南首先响应武昌起义宣布独立，学校师生纷纷参加到辛亥革命浪潮中，停课数月。

二、开启民智，教育救国

建校之初，条件异常艰苦。从1903年至1912年的九年间，学校校舍多为租赁民房，先后由城南高家码头至五堆子、肇家坪、水风井、福星街、浏正街、马王街，九年凡七迁矣。其办学之艰，实在难以想象。尤其是租赁福星街黄祠西偏房为校舍时，房屋湫隘，天雨水深盈尺，师生经常赤足撑伞上课；学校常无隔夜之粮，有赖师生典衣为炊。虽常受“修业叫化”之戏谑，但师生均热心任事、安贫乐教、乐观向上，课余每弦歌恒达校外，置艰难困苦、饥寒交迫于度外。

1904年，肇家坪“敬业小学”停办，主办人杨德吾先生捐房租银480两，商议由学校接办，始设高等小学部，彭翰徽担任第一任堂长，这是修业学校附属小学的早期形态。1910年租马王街马王庙房屋为小学部校舍，1911年中学部迁聚一起。

1906年后修业办学规模由几十人扩至三百余人，其间因经费困难仅在1907年未招中学新生，1912年另筹备成立工业部，并于1913至1914年开办了土木与建筑2个专业。

1912年，湖南私立修业学校校董会成立。修业校董会第一届董事有周震鳞、郭琮翰、王桢干、许推、彭国钧、徐特立、梅伟杰、彭鼎年、魏先根、周教敷、黄昌濬、何积烺、朱剑帆、俞蕃馥、黄海润、辜天佑、李孝仪、姜济寰、王经武、王震东、狄昂人21人。这是一批修业有志之士力主推翻清朝封建王朝，“发展国民教育，振兴中华”的具体行动和积极成果，为修业学校发展国民教育提供了重要组织保障。

经校董会推荐，由彭国钧出任校长，黄海润任修业小学堂长。

1917年，当时教育部称赞“修业学校：以朴诚奋勉养成校风，洵他处所难多觏……”并授予匾额以作嘉奖，匾额题曰：“为时养器”四字，为奖励原校长彭国钧兼办长郡中学的贡献足为两校楷模，另特奖给校长三等褒章1枚。这是对“修业”发展国民教育所获成绩的高度评价；同时，从“修业”14年的办学发展史来看，这又可看成是对“发展国民教育”的一次历史性小结，为其后“创办实业教育”积累了办学经验，打下了向前发展的良好基础。

修业学校创业的艰苦岁月，辛亥革命的“疾风暴雨”，更兼黄兴、徐特立、周震鳞等人的言传身教，不仅使学校救国救民、振兴中华的办学宗旨更加明确，师生革命的意志也更加坚定。修业学校一经诞生，就提倡爱国、革命、自治、创造和科学、民主的精神，奉行艰苦奋斗、学以致用、理论联系实际和为人民服务的优良校风。这些都可以从《本校附属小学教育研究会章程》中找寻例证，例如章程指出小学阶段的人才培养目标是使学生“养成整洁卫生的习惯、快乐活泼的精神；养成礼义廉耻的观念，亲爱精诚的德性；养成节俭劳动的习惯，生产合作的知能；养成奉公守法的观念，爱国爱群的思想。”这是修业学校自始创时期就非常明确的方向和一贯遵循的办学原则。正是这种原则和精神为苦难的中华输送了一批中流砥柱的社会中坚和革命者，如毛泽覃、王首道、欧阳立安、沈其震等就是典型的代表。这种原则和精神在“修业学校校歌”中也得以体现。校歌曰：“猗欤修业，创自癸卯秋分。本革命之情绪，十二人独立经营，真自治，都服从。年长学生，半耕半读，愈穷愈勇；我后起，齐努力，当记取创造的精神，当记取自治的精神。”校歌也是将修业一贯以来遵循的原则和精神体现得淋漓尽致。

三、圣人之道，代代相传

学校创建后至1925年，曾是老一辈革命家从事革命活动的重要阵地。

黄兴——原修业学校体育教员。黄兴是周震鳞在两湖书院的同窗好友，两湖书院由提倡振兴实业的洋务派代表人物张之洞创办，是全国有名的两所书院之一，两湖书院主要选调湖南湖北才识超群、志行不苟的秀才入学，“以修行为基、以求实为主”是它的办学宗旨，志在培养经世致用，挽救中国贫弱的育人之师。1902年7月，黄兴由两湖书院毕业被选送到日本留学。1903年，黄兴自日本回到故乡长沙，以在明德和修业两校任体育教员为掩护，从事秘密活动。1903年11月4日，他以庆寿为由，邀集陈天华、宋教仁、刘揆一、章士钊等12人秘密召开会议，会议中决心创立革命团体。经他们的积极筹备，华兴会于1904年2月在长沙南门口成立，华兴会后来成为同盟会三大支柱之一的革命团体。

当时，在黄兴的亲自领导和影响下，修业学校曾先后有不少师生参加了华兴会或紧随其后的同盟会，如周震鳞，及经周震鳞介绍加入革命组织的彭国钧等，还有王桢干等10位先后留日的学生，都是同盟会的早期会员。黄兴在修业任教期间，不仅引导学校一批进步师生先后走上反帝反封建的辛亥革命道路，而且对修业革命精神的形成起到了深远的影响。

徐特立——原修业学校国文教员，第一届校董会董事。徐特立，字茂生，1877年出生于长沙县五美乡。他9岁进私塾，15岁辍学谋生，自18岁起边教蒙馆边习科举，后厌弃八股而立志求新学。徐特立制订了一个“十年破产读书计划”，在博览经史子集的同时，他广泛阅读了《湘学报》《湘报》《戊戌奏稿》《化学卫生论》等传播西方文明的书刊。1905年，年近30的徐特立被宁乡速成师范破格录取，该校是由同盟会成员周震鳞在长沙城创办。徐特立在求学期间系统学习了教育学、自然科学、西洋史、东洋史等课程，积极接受资产阶级民主思想的熏陶。1907年至1919年间，徐特立一直在修业学堂和修业学校担任国文教员，工作一贯认认真真，教书兢兢业业、一丝不苟。1912年修业学校成立第一届校董会时，徐特立当选为第一任校董会董事。在徐特立于修业任教期间特别是他那断指血书的革命激情，在修业学校师生员工的心目中留下了不可磨灭的印象：1909年农历10月26日上午9时，徐特立在学校操场给学生讲演时事，痛斥帝国主义对中国的侵略。待讲到悲愤激昂处时，他跑到厨房拿来一把菜刀，当场砍掉自己左手的一节手指，血书“驱逐鞑虏，恢复中华”8个大字。因流血不止，他当场晕倒。原校长彭国钧怕传出去得罪清廷，便用徐特立的血在一张白纸上另写了 8 个大字："请开国会，断指送行"。事后，省内外许多报纸都在各显著位置报道了这一消息，极大地激发了人们的爱国热情。毛泽东后来回忆说："这给了我对革命的第一次感性认识。"请开国会的 16 省代表会聚上海，湖南代表将徐特立断指请开国会的血书展示出来，殷赤淋漓，众咸感泣，感召一时。

徐老生活十分俭朴。当时，他在第一师范和修业两校兼课，往返八九里，总是步行。他家住长沙城东五美村，距学校 80 多里，每次回家要步行一整天，午餐都是吃从家里带的红薯片来充饥。徐老工资微薄，但他仍乐于帮助穷苦学生。后来，徐老因革命工作之需而辞校离湘，但他一直对学校命运和前途非常关心，1937 年秋，当徐老来到中共长沙办事处时，还特地派人持条到校，详细询问学校情况，对学校师生予以殷切的关怀和鼓励。

毛泽东——原修业学校历史教员。1919 年 4 月至 12 月，毛泽东曾以修业小学主事兼修业中学历史教员的公开身份为掩护，在修业及长沙各地暗中从事革命活动并接见来访的进步青年。他住在东楼一门低窄的屋子里，生活十分简朴。毛泽东白天除了教课外，还要接见来访的进步青年，参加湖南学生联合会的活动，工作十分繁忙。当年 7 月，革命理论刊物《湘江评论》创办后，他总是利用晚上为该刊物写文章，有时工作直至拂晓。毛泽东虽然只在修业学校工作了 8 个月，但他的努力却为修业的发展做出了重大贡献，在修业学校的历史上留下了光辉的一页。

李惠迪——原修业学校体育教员。1913 年起，李惠迪在修业学校任体育教员，是湖南早期体育会的主要发起人和负责人之一。1917 年组织湖南第一个体育研究会，并任该会的交际干事；1919 年发起组织教职员网球团；1920 年任长沙体育研究会执行委员；1923 年与体育界同仁共同发起并由他起草《湖南体育会章程》。后期他在本校加入中国共产党，还先后率领湖南体育代表团参加华中及全国运动会，并取得了优异成绩。另外，他还担任长沙教职联合会执行主席，曾组织省城教职员和进步学生加入共产党领导的反帝反封建的群众斗争。1927 年马日事变后转移至江西赣州，先后任小学体育教员和校长，1940 年创办赣州县（现赣州市）体育场并兼任场长。1950 年被评为赣州市文教系统劳动模范。

欧阳梅生——原修业学校国文教员。1925 年至 1926 年年初，欧阳梅生在修业学校担任国文教员，擅长指导学生作文和习字，讲课很受学生欢迎。1926 年加入中国共产党，同年，北伐军入城，他离开修业学校，与郭亮等人筹建省总工会，曾任湖南全国总工会秘书长。1927 年马日事变后，他转入武汉从事地下斗争，任中共湖北省委秘书、中共汉阳县（现蔡甸区）委委员。在他的影响下，其夫人陶承，儿子欧阳立安相继走上革命道路。1928 年 2 月，因革命工作劳累成疾，不幸病逝。

田汉——修业学校学生。1911 年，辛亥革命前夜，长沙“新学”风潮涌起，田汉和一些进步学生投身于革命浪潮，随即转至徐特立任教的修业中学就读。田汉之前就读于选升学校，许多同学对选升相对保守的校风不满意。随着革命运动的深入和革命情绪的高涨，有同学劝田汉去考修业中学，那里的思想比较活跃，校风也很淳朴。之后田汉便约了同学柳之俊、陈剑五、张伯陵三位改了名字去报考，张伯陵改名张怀，陈剑五改名陈雄，柳之俊改名柳英，田寿昌改名田汉。事有凑巧，四人都被录取了，田汉第一，张怀第二，陈雄第三、柳英第四，倒过来念，恰巧是“英雄怀汉”。当时其他同学以为是他们预先商量这样改名，其实并非如此，但却与当时青年的心情不谋而合，也是一桩巧事，田汉这个名字就是从这时起使用。

当时修业学校的老师们很注意培养学生们的爱国主义意识，在课堂中回顾中国国耻的由来，讲改革时政的必要，田汉这些年轻学子听完无不感动得热血沸腾。田汉和他的同学们被培养起来的报国救国的信念很快有了实践的机会。1911 年 10 月 22 日，紧跟着武昌起义的枪声，湖南的新军也乘势攻占了长沙，成立了湖南军政府，此举极大地鼓舞了支持革命的进步人士，当时的名伶陈绍益就在《血战荆州》中饱含激情地呐喊出“五千年来，专制恶毒，一旦扫而空……”的时代强音。田汉听后第一次感到了戏剧的美妙之处，也感受到了戏剧的力量。参加学生军后迟迟不能上前线的田汉很失望，但是没影响他以行动支持革命，他写出了自己的第一个剧本——京剧剧本《新教子》，成功地发表在《长沙日报》上。

沈其震——修业学校学生。医学家，曾任中国农工民主党中央副主席、全国人大代表、全国政协常委，中国科学院院士。1906 年 2 月出生于重庆，湖南长沙人，同盟会会员，孙中山革命事业的积极支持者，他在修业学校读小学时，正值袁世凯称帝、日本提出灭亡中国的“二十一条”时期，强烈地激发了他发愤自强的少年壮志，由此也在他的幼小心灵上刻下爱国主义印记。1919 年，沈其震到长郡中学读书，参加了驱逐封建军阀湖南省督军张敬尧的运动。1923—1927 年先后入同济大学医学院、中山大学医学院学习。后来参加革命工作，先后任北平协和医学院研究员，中央军委卫生部副部长，中央军委卫生部第一副部长，大连医学院院长，中央卫生研究院院长，中国医学科学院副院长，中国科学院学部委员，中国国际文化交流中心副理事长，中国国际交流协会理事，宋庆龄基金会理事等职务。1993 年 6 月 16 日在昆明病逝。

毛泽覃——修业学校学生。1905 年生，湖南湘潭县韶山冲人。1920 年，他在修业学校读书。1923 年加入中国共产党，早年从事工农运动，土地革命时期，任江西省永丰、吉安、太和三县中心县委书记、红军独立师师长和中共苏区中央局秘书长，中共福建省委书记，闽粤赣军区司令员等职。红一方面军主力长征后，他坚持留在根据地进行斗争。在极端艰苦的条件下，毛泽覃率部转战于闽赣边界的险峻地带，风餐露宿于山谷密林，不断寻找战机，打击敌人。1935 年 4 月 26 日，在江西瑞金红林区与国民党军队作战中英勇牺牲。

欧阳立安——修业学校学生。1914 年 3 月出生于湖南省长沙市。父亲欧阳梅生是中国共产党早期党员。1925 年入修业学校读书，他学习勤奋，喜爱参加各种活动且作文很好，因此常参演文明戏，且在学校颇受欢迎。1926 年北伐军入城后，他任修业学校纠察队第一队队长，带领学生上街演讲，发传单，查禁赌博、日货。1929 年春，15 岁的欧阳立安进入上海申新五厂做工，同年冬，加入共产主义青年团，并担任共青团沪东区委委员。1930 年加入中国共产党。同年 6 月，欧阳立安作为中国青年工人代表，随刘少奇赴莫斯科参加赤色职工国际第五次代表大会和少共国际的有关会议，并参加了苏联十月革命 13 周年纪念活动。同年 11 月底回国后，担任共青团江苏省委委员和上海总工会青工部部长。1931 年 1 月 17 日，欧阳立安在参加中共江苏省委的一次会议后，与沪中区委书记等同志被反动军警逮捕。在狱中，他们意志坚定，团结斗争，挫败了敌人的严刑拷打和种种诱降，保卫了党的组织，表现了共产党员的大无畏气概和革命乐观主义精神。1931 年 2 月 7 日深夜，欧阳立安与被捕的 23 位革命者被秘密集体枪杀，英勇就义，年仅 17 岁，后被归为龙华 24 烈士之一。

第二节 创办实业教育（1918—1929）

辛亥革命运动及其思潮的影响，在一定程度上推动着整个社会的发展进步，也促进了中国教育事业的变革和发展。

1918 年，修业学校进行了关键性的学制改革，改革经历了“确立改制初衷”和“变更学校校名”两个具体阶段。

是年，原修业校长彭国钧奉派参加教育部召开的全国中学校长会议。当时鉴于全国中学过多（湖南以 47 所居全国诸省第二），而中学属文化基础教育，难以及时为推动国家建设输送专门的技术人才，无法满足青年就业的需要。因此，教育部召开会议力主停办部分中学，实行改制，将普通中学改成中等职业学校。彭国钧校长散会回湘后，与明德、楚怡等校会商，初步议定：楚怡停办中学，改办工业学校；而原明德中学校长胡元倓先生劝修业停办中学，在原有基础上创办实业教育，改办成中等农业学校。这是创立湖南私立修业农业学校的初衷及过程。

1920 年，彭国钧因排日风潮在长郡中学被撤职，并辞去修业校长职务，请校董会维持校务。同年 7 月，校董会复推彭国钧出任校长；8 月 11 日校董会议决定停办中学，正式改设农科职业学校。11 月，原校长彭国钧因奉派视察长旅鄂湘各校而辞职，校董会推王震东为校长。12 月 5 日，学校为发展农业职业教育，购定长沙南城外十里新开铺熊家巷田山为农业部校址，共计 335 亩。

1923 年，本校农业部在新开铺校址正式开学，设植棉、园艺两专业各一班，由狄昂人任农业部主事。

1924 年，农业部所建办公室、教室、膳厅和教员宿舍均已落成。同年 8 月，中学部由都正街迁新开铺新址；王震东辞校长职，校董会推狄昂人为校长。

1927 年，狄昂人辞职，校董会又推彭国钧为校务委员会委员长，姚舜生任农业部主事；8 月，张佩弦为小学部主事，彭国钧复任校长；11 月农业部设高棉稻试验场。

1928 年，农业部增设农学实验科，由彭先泽任农业部主事（彭国钧之子，留学日本习农）。第二年 12 月，又在南县安仁垸租地 50 亩，设棉作分场，派熊伟澧任分场主任。

1929 年，学校呈报校董会和农业部、小学部等表册，教育厅转呈立案，正式改名“湖南私立修业农业学校”暨“湖南私立修业农业学校附属小学”。至此，从改制到正式命名，湖南私立修业农校经历了十多年的演变发展，成为初具规模的现代中等农业学校，其改制精神完全符合《校董会规程》中的“本校组织大纲”之宗旨：“本校以遵照教育法令，养成自主经营各项农业之人才：农场技术人员、农事指导员、农业推广、农民合作、农村改良等办理人员及小学农科教师为宗旨”。

由此，学校规模便形成了“一体两翼”的模式，即以学校农业部为主体，着重发展中等农业职业教育，又附设中学部和实验小学部。农业部先后设置过农艺、植棉、园艺、茶叶、农村师资、农村合作及农学实验科等多个专业。

湖南私立修业农业学校的发展，从 1918 年彭国钧改制的初衷变成 1920 年改制的实际行动，是本校办学方向的历史性的关键转变。1923 年学校农业部迁新开铺新址，为本校获得进一步发展奠定了基础。

第三节　艰苦奋进的修业高农（1930—1950）

学校在1918—1933年的十五年间，实现了“三个转变”和“三大发展”：即由普通中学转变为中等农业职业学校；由单一的课堂教学转变为教学同生产、科研三结合的教学新形式；由单一的普通私立学校常规办学形式转变为学校自力更生、社会各界集资和政府机构支持扶助三结合的办学新格局；期间，为适应当时农村发展生产和解决农村师资贫乏的需要，开设高级农村师范专业，并附设实验小学。在这期间，办学规模、办学条件和办学成绩与经验都获得了空前的发展。修业师生员工在发展国民教育的基础上，坚定了复兴中华农村、实业救国的信心。

一、学校发展壮大

1933年10月，学校筹办并举行了30周年校庆纪念大会，会上为前校董俞经诒先生和前校长黄海润先生建立纪念碑，宣布在马王街第一附属小学新盖俞黄图书馆等决定，学校条件开始有所改善。修业创始人周震鳞先生题书“习劳耐苦，崇朴尚实”的八字校训，悬挂于当时学校“协进堂”内。

1934年8月奉教育部令，湖南私立修业农业学校正式更名为湖南私立修业高级农业职业学校（以下简称“修业高农”），并确定每年的10月9日为校庆纪念日。改名后，仍由彭国钧任校长，由彭先泽任“农业部”主事。同时，学校“附设实验小学部”亦更名为“长沙私立修业小学”。

修业高农突出教学与生产、科研的结合，注重教学的实业性与职业化，设有农艺、园艺、植棉、茶叶、农村师资、农村合作和农学实验诸科专业。另外，修业高农曾先后获得农矿部、省建设厅及中英庚子赔款补助设备款30000元，用来增添图书、仪器，丰富和充实教学设施。其时，修业高农的教学设备和师资力量，均已接近大专水平。20世纪三四十年代，加强了学校师资队伍建设，先后有易希陶、邓勋、胡仲紫、陈熹、谢国藩、朱先煌、王太远、龙郁文、龙焕文、李友梅、袁家海、谭天愚、刘斐生、丁鹏翥等一批知名度较高的教师在校任教。这些老师们或毕业于国内名牌大学，学有专长，或留学东洋、欧美，并获得硕士、博士学位，且都具有很强的事业心，立志为农业教育贡献自己的全部力量。

当时学校领导力量，除有原校长彭国钧、原副校长姚舜生之外，学校校董会的阵容也尤为可观。据1945年6月所出40周年校庆纪念册载：时有校董周震鳞、彭国钧、梅伟杰、魏先根、何积焜、许推、辜天佑、狄昂人、俞蕃馥、徐茂恂、李孝仪、蒋鹤孙、仇鳌、王希烈、张星舫、王凤喈、李叔唐、王士建、李云波、阎幼甫、姚舜生、周斓共22人。

二、教学成果丰硕

学校注重教育教学改革，兼习中学（中国的经史之学）和西学（西政和西艺），分科按班上课，同时开设日文，要求每周授课4小时日文，以达到学生可以自己翻译和阅读书籍为授课考核的标准。中学和高小在教学内容上注重结合国际国内形势进行改革，如历史课讲授中外历史社会发展之形势、国际形势之演变，使学生能认识本国，了解世界发展，正视本国和世界的差距；地理课讲述中外山脉河流交通及物产分布等，注重抗战形势与中国地理分布的结合。

同时，学校注重教学、生产和科研相结合。教学上，强调理论联系实际，提倡手脑并用，注重农场实习；实践中主张并实行教学、生产和科研相结合，力主用新的农业理论提高当时农村落后的生产力，以新的农业生产技术进行宣传和指导农村的生产实践，来促进农村生产水平的提升；同时又擅长利用农民在生产实践中存在的生产技术问题，通过解决问题来改进教学充实科学研究。学生毕业后，由于既有生产理论知识和实际操作技能，又有吃苦耐劳的劳动习惯，所以很受社会欢迎。在姚舜生的具体主持下，师生们先后培育了“小南黏”“七十早”“谷儿子”和“修农一号”“修农二号”等优良稻种，并在全省一些县区大力推广。一时间，“出成果、出经验、出人才”等“三出”的优秀事迹饮誉湖湘，学校声威大震。其时，有影响的北京《独立评论》第20期称：“湖南水稻改良，修业开先河”，赢得了社会各界的广泛赞誉。

修业一贯倡导艰苦朴素、勤俭办学的精神，坚持教学与生产、科研相结合的传统。当时学校给每个学生划一小块地，面积约为1/4亩，在教师指导下，由学生栽种各种农作物。所获劳动果实与利润，学校只取1/3，学生自得2/3，那时学生在小块土地上所获得的果实与利润，一般可够学生自己3个月的伙食费。学校提倡艰苦朴素的生活作风，要求学生饮食起居跟附近农民相同，做到劳动化、民众化。在校一日三餐菜都是素菜，每周只打一次牙祭。学校还要求学生除寒冷季节外，每年4至9月底，一律穿草鞋或赤脚进教室上课，不允许校内出现少爷小姐作风。1934年，原省教育厅朱经农厅长来校视察，姚舜生主事正在田里跟同学一道劳动。当朱厅长见姚主事带着双腿泥来向他汇报工作时，对修业学校的这种“泥脚腿子”精神称赞不已。这种精神在1934年学校所制定的校徽和校毯上也得到体现。校徽的构图成三角形，校徽为白色，三角形图案的三边由笔、锄、枪组成，中间有“修业”二字，其意为，修业农校培养的学生是能文能武的：在校时，既读书，又种地，还能打仗；毕业后，平时能用农具、笔杆建设国家，战时能拿枪杆打仗，抗击日寇等外国侵略者，保卫国土。校徽、校毯上的标志，既显示了修业高农的基本特点，又表达了“修业”学子永志不忘“修业”宝贵精神财富的诚挚心愿。当时的“修业”，在经济条件上虽被某些人讥为“穷学校”，但它一系列富有传统性的精神财富却堪称无价。

三、服务地方经济

修业高农，在20世纪三四十年代，可以说是为复兴农村历千难万险而矢志弥坚，经抗日烽火而奋进不息，为国为民辛勤奉献，为发展农村经济做了大量工作。

1933年，修业高农开设民众教育馆。“民众教育馆以谋附近农村民众教育之发展”，任徐秩民为主任。为了更好地为附近农民普及文化教育，该馆还分设了民众夜校、民众代笔、民众询问、民众茶园和书记报阅览诸部。各部门均以学生充任干事。

1934年，修业高农组织长沙南郊乡村改进会，以新开铺、猴子石、百家河一带为改进工作区。会址设新开铺、图书馆、文娱室及医务所等场所，设置巡回文库车两辆，定期为农民送书上门，定期编写墙报、制作海报，以宣传时事和科普、卫生保健等知识。同时又在三镇设立民众学校，为当地民众提供免费的入学机会。民众学校在向当地普及文化，破除迷信，推广医疗保健以及进行爱国主义教育等方面，都起到了非常积极的作用。

1934年，修业高农参与湘米改进会的工作。彭国钧校长和姚舜生副校长及部分师生是湖南省湘米改进会的领导成员和工作人员，为了推进湘米改进会的工作，修业高农一方面派出师生到其他县区去指导工作，另一方面又在长沙南郊组建地方性的湘米改进分会，直接推动长沙地区湘米改进工作的开展，为全省各地的湘米改进工作提供经验性指导。

1936年，修业高农成立农村服务社。为总结推广各项成绩和经验，推进湖南实业教育和农村建设的发展，学校成立了农村服务社，并隆重地召开了第一届年会。许多社会名流均应邀赴会。会议广泛交流了农村建设经验，针对当时发展实业教育和农村建设等一系列问题展开了深入探讨。朱经农为农村服务社题词“培养国家观念，锻炼生产技能，传输科学常识，造就高尚人格，为今后乡村教育之主要目标”。次年5月农村服务社出了年会专号《修农》第 17 期。此次年会，在校际和省内曾引起强烈反响。

1938 年，合办培训班。学校在推广优良稻种、开办合作科等工作取得良好效益的基础上，奉教育部令、受湘米改进会之托，为配合抗战形势所急需，与省立高农合办农技人员培训班，培训省立高农、湖滨农校和本校的高年级学生，学生结业后，分赴各县负责战时经济工作。

1939 年，修农合作科学生协助安化、新化等到地农民组织茶农合作社，深受农民欢迎。

1940 年，设立棉、稻优种推广工作站。本校的棉、稻优种在资江农产品展览会展出，受到同行广泛赞誉。所推广的棉、稻优种，上达烟溪，下及小淹资江中段。由于办棉、稻优种推广颇见成效，1942 年湖南省农业改进所决定在学校设立“棉、稻优种推广工作站”，聘学校教员王太运具体负责该工作站的日常工作，广泛深入地开展推广工作。

抗日战争时期，学生组织代耕团，代学校附近出征军人的家属及劳动力缺乏的贫苦农民耕种田地。设民众夜校，在安化东坪群力纺织厂办妇女班，普及平民教育，宣传抗日思想。

当时，学校很受国民政府重视。40 周年校庆时，蒋中正（介石）题词：“务本崇实”，陈立夫题写“民生在勤”，原教育部长朱经农题词：“农为本业，要在力图改进始有发展。……爰书此以励其志，望本其团结之精神，努力发展农业以裕民生。”

四、抗战的艰难岁月

坚持艰苦办学。1938 年，长沙“文夕大火”，修业校舍除东门捷径图书馆外，其余均被焚毁。当年 7 月，日寇紧逼，学校奉令疏散，8 月学校决定迁安化酉州；后租得谌姓茶行办学；次年又购得茶园 40 亩，作为新开办的茶叶科专业的教学生产实习场地。当时设有高农科、园艺科、合作科等专业，学校规模仍保持在校学生有 250~300 人。为就地取材，发挥当地办学条件的优势，1939 年教师指导学生下乡，协助当地 90 多户农民成立“茶农合作社”，深受茶农欢迎。是年 8 月，学校正式设茶业科，同时添置茶园并开始经营茶厂。学校的茶叶教学、生产与科研的有效结合，改进了当地茶农的生产技术，提高了茶叶生产的经济效益。1942 年 4 月，财政部贸易委员会拨湘茶改良费 3 万元，用来补助以建设学校茶业科设备。茶业科的学生也纷纷组织茶业研究会，还编辑出版校园刊物《芙蓉》。当年学校制出优质红茶 1000 箱，售给中茶湖南分公司出口国外；黑茶 70 包，售给了砖茶厂。

坚持学中做、做中学。学校校舍简陋，师生就把学校周围的荒山变成教学与生产科研的实验基地。他们边开荒边育苗，将课堂搬到工地，开始学中做，做中学。开"果林学"时，每个学生就分管三株桃或梨树；开"蔬菜课"时，学生分管菜土；开"稻作学"时，学生分管稻田，学习主要农作物的栽培技术，观察记载田地从开荒、整地、田间管理到作物的生长发育情况，对农作物的收获和选种等生产过程都予以实际操作，认真实践，把学习科学知识与劳动锻炼、生产实践结合起来。理论紧密结合实践，坚持课程进度与作物生长发育同步，让学生的理论知识和生产技能都得到巩固。

坚持在逆境中奋进。1941 年 9 月，湘北被日军占领，沦陷区有 100 多名学生的家庭经济来源中断。学校决定，垫借粮米，发动生产自救，种菜出售；动员全校学生捐助节余伙食，同时求助于社会捐赠。直至日寇投降，学生的学业和生活均得到了充分保障。抗战胜利后，学校于 1945 年冬迁回长沙南郊新开铺原址复课。当时学校经费异常紧张，除政府定期拨给少量补助外，全靠收取学杂费和社会各方的捐款维持。全校师生不畏艰难同心协力，接受了联合国战后救济总署赠送的 10 头乳牛，并利用它们办起了乳牛场；同时，安化茶场也向安化茶叶公司投资，加强了学校和社会的联系，为学校教学实习和开展各项工作提供了经费支持。

1944 年抗日战争即将结束，由美籍华人私人捐款组成的美援华救济会，委托学校办理湖南战后农村重建事宜，并组建湖南农村重建委员会，由原校长彭国钧先生任委员，姚舜生、丁鹏翥、狄昂人及长沙 3 个教会的外籍人士为该委员会委员。同时设立湖南农村重建服务处，服务处在各县设有服务站。服务站的主要任务是发放贷款，帮贫苦农民购买种子、肥料、耕牛、农具以及办理贷款修堤等事务。以上贷款截至 1945 年上半年，总计达 130 余万元。以上措施有效地促进了农业生产的恢复和发展。

14 年抗战的艰难岁月，全校师生在逆境中求生存、谋发展。经受了艰难岁月的严峻考验，修业高农的办学特色和顽强的生命力得以彰显。

五、迎接解放

1948—1949 年年初，在地下党组织的领导下，修业高农的进步师生开展了一系列迎接长沙和平解放和保护学校财产的活动。白天，师生员工积极走上街头，举行示威游行，联络社会各界，发起声势浩大的反对内战宣传攻势和和平签名运动；晚上，站岗放哨、进行校区巡逻，严防坏人破坏捣乱，维护了社会秩序，保卫了学校财产，为争取湖南的和平解放做出了贡献。

从修业学堂创建到1949年新中国成立，学校已走过了46个春秋。在这漫长的岁月里，修业为国家培养输送了大批优秀人才，累计毕业生约有3000多人，他们奋斗在中国不同历史时期和不同岗位上，发扬着学校的优良传统和革命精神，为中国革命和建设做出了突出贡献。

第四节 湖南省长沙农业学校诞生

（1950—1952）

1949年年底，长沙虽已解放，但学校仍称“湖南私立修业高级农业职业学校”。当时校长是丁鹏翥先生，副校长为姚舜生先生，校址仍设在长沙南郊新开铺，在安化酉州和褒嘉村等地还有学校房屋、地产。1950年4月，湖南省人民政府决定由省农林厅接办学校，并在原有规模的基础上，加以扩充改名为“湖南省修业农林专科学校”，由李毅之任校长，姚舜生继任副校长。

1951年3月，根据高教字〔1951〕第1806号文件，将从湖南大学分出来的农学系同省修业农林专科学校合并，成立湖南农学院；原湖南省修业农林专科学校成为湖南农学院的高农部。校址始设于长沙市韭菜园，后迁当时的南门外东塘；此时的高农部只有农艺科3个班。姚舜生先生任高农部主任。1951年下半年，高农部又从湖南农学院分出，成立湖南省长沙高级农业职业学校，1952年9月，遵循农人教字〔1952〕第02702号文件精神，将湖南省长沙高级农业职业学校和岳阳的湖南省立农林技术学校合并，从而扩大了学校规模，增强了办学实力。

湖南省立农林技术学校，简称“湖滨农校”，原名湖南私立湖滨中学。该校历史悠久，创办于1901年，1910年设过大学部，曾有过辉煌的发展；1932年10月立案办初中，同年始办高级农业科专业；1948年又停办农科，复改为普通科，直到1951年9月才正式改为湖南省立农林技术学校，于1952年9月并入湖南省长沙高级农业职业学校。同年10月，中南军政委员会教育部和农林部联合发出《农人教字〔1952〕第03791号》通知，正式命名为湖南省长沙农业学校，由姚舜生任校长，校址仍设在东塘。

附

王首道和修业学校

王首道（原名王芳林），1906 年 4 月出生在湖南浏阳张坊区上洪乡的一个贫苦农民家里。有同胞兄弟姊妹 7 人，家境贫寒。在上洪小学读书时，他就非常用功，很受父亲、兄弟和老师喜爱。1919 年，他在张坊区高小读书，由于工作积极主动，在同学中拥有较高威信，被投票选举为学生会会长。

1922 年，王首道从高小毕业，很想到向往已久的省城长沙读书。但当时无论官办或私立的普通中学，家里都负担不起高昂的学费。老师考虑到他的实际情况，提出让他考收费较低的长沙修业农校的建议。于是他听从老师的建议，参加修业农校的入学考试，录取到园艺科。当时的湖南私立修业学校，校址设在长沙市兴汉门，多是穷苦人家子弟在那里求学，师生很容易接受革命思想的熏陶。50 多年后，他在《回忆录》中写道："现在回想起来，能够到长沙读农校，确实是生命旅途中的一个重要转折。能够来到这个环境学习，对于自己的人生道路确实起到了良好的影响。修业学校比较开放，一些进步刊物如《新青年》等都能在学生中流传，陈天华的《警示钟》《猛回头》，邹容的《革命军中马前足》之类的小册子可以找来阅读了。"当时学校附近潮宗街的"文化书社"，也对他产生了深刻的影响与教育启迪。这个书社是由毛泽东、何叔衡、易礼容等筹办的。在文化书社，能读到一些宣传五四运动和介绍苏俄社会主义革命的小册子。当时的湖南，军阀腐败，政局动荡，民不聊生。湖南劳工会和学生联合会正准备开展罢工示威活动。"当时，修业中学的同学也被这革命潮流所卷动，我（指王首道，编者按）和学生会会长廖长顺等参加了这些活动，并草拟传单连夜油印，在校内张贴。"后来，当局出兵镇压工人、学生，浏阳籍的同学感到在长沙无法开展活动，便利用暑假回乡，在田波扬、潘心源等人的领导下，许多同学先后在浏阳东乡官渡镇成立了外交后援会分会，先后在官渡和张坊镇上发表演说，散发传单，宣传爱国救国主张。

王首道的表现，受到了当时修业农校地下党、团组织的关心和重视。其后不久（1925 年秋）经廖长顺介绍，王首道光荣地加入了社会主义青年团，并于第二年（1926 年）在广州农民运动讲习所转为中共党员，从此开启了他的革命生涯。

此后，王首道同志在数十年革命生涯中，虽然工作繁忙，却仍然惦记着母校，一直关心母校的发展前途。特别是对一生勤奋、以农报国的姚舜生校长特别敬重。湖南和平解放的第二天，他从百忙之中挤时间去看望姚舜生校长。1957 年 4 月 13 日，王首道同志在中央任职时，还亲笔致函长沙农校校长姚舜生，充分赞扬了他的从教贡献和修业农校的艰苦朴实的校风与勤俭建校的精神。

1983年12月26日，时值长沙农校80周年校庆后不久，王首道回到长沙，为母校题词“发扬艰苦创业、勤俭办学的精神，为社会主义农业现代化培养人材”。1993年6月初，长沙农校90周年校庆筹备在即，已88岁高龄的老校友王首道同志回到湖南，学校领导得知后专程看望，并请王老题写了《长沙农校九十年》和《绿遍三湘——长沙农校师生小传》这两本书的书名及“严谨、勤奋、求实、创新”校训，并将他个人的生平以传记形式记录下来。

王老于1996年9月13日在北京逝世。

修业发展史上的三颗明星

修业的“启明星”——周震鳞

周震鳞（1875—1964），别号道腴。1875年出生于宁乡县（现宁乡市）五都六区石子冲（今东湖塘朝阳村）。1894年周震鳞应县试考取秀才，以第一名成绩考入武昌两湖书院，与黄兴同窗五载，相交莫逆。毕业后回乡办学，创办修业学堂、宁乡中学堂等。1903年至1908年间任教修业学堂，担任学校监督（即今之校长）之职，是创办修业学堂的主要支持者和领导者。1903年年初，周震鳞被聘为长沙明德中学教师，是当时明德中学最激进和在学生中最富有威望的教师代表。周震鳞与一批进步青年商议，决定退出明德，另办新校。12个学生相继从明德中学退学，成为修业学堂的第一批学生。大家一致公推周震鳞先生为修业监督，周道腴、俞经诒和许玉屏先生为总办，校内诸事都由学生12人分担。

在周震鳞先生的主持领导下，修业学堂一诞生就跟一些民主进步人士和辛亥革命早期的革命者建立了许多联系。创校伊始，黄兴等人的革命思想启迪了周震鳞先生和修业的进步师生，1903年他们参与组织成立华兴会。周震鳞先生等人的“革命、自治、民主、科学”的精神深刻影响着修业的办学宗旨，使修业一大批进步师生团结成一股革命力量，在当时社会中产生了积极影响。

学校创始时的前三届毕业生和第一届校董会成员，后来大多成了反帝反封建的爱国民主人士。周震鳞是当时湖南辛亥革命的重要成员，后来成了同盟会的早期会员后，由于辛亥革命的发展和反动政府对周先生的疑谤与追捕，他离校出湘逃亡，最终选择北上投入辛亥革命。

作为修业主要创始人之一的周先生，虽然离校较早，但他始终是学校校董会的董事之一，且在学校每个关键时刻和重大活动中，他都会出现。校庆30周年和40周年，他都亲自前来参加庆祝活动；1943年校庆期间，他应彭国钧校长和广大师生员工之请，为学校题写了“习劳耐苦，崇朴尚实”的八字校训。直到新中国成立前夕，周先生还跟学校师生有着较密切的联系。1951年国庆，他应毛泽东电邀去北京观礼，列席全国人民政治协商会议一届三次会议，被选为全国政协委员。国庆前夕，周震鳞从长沙到北京，抵京翌日，毛泽东即在中南海勤政殿宴请周震鳞，约来作陪的有刘少奇、李济深、邵力子、章世钊、王季范、徐特立、周世钊等，这些人多为周震鳞的故交旧友。见到毛泽东和这些老朋友，周震鳞兴奋不已。毛泽东平易近人，对周震鳞十分尊重。周震鳞紧紧握住毛泽东的手，毛泽东风趣地说：“您老人家真健旺，有蛮大的劲啊！”接着，指着周震鳞和徐特立两位老人对大家说：“徐老是我的老师，道老（周震鳞字道腴）又是徐老的老师，这么一来，道老可算是我的老师的老师，是我的祖师爷了。”毛泽东按照他对老师关照的惯例，让中央人民政府办公厅的人员，给周震鳞送去皮箱、棉衣裤、皮大衣，逢年过节还送去现金。周震鳞在北京定居后，全家住着一个宽大的四合院，政府每月发给他优厚的生活费用。毛泽东还经常派人把国际友人、兄弟民族送给他的礼品，分送给周震鳞。周震鳞生病时，也会及时得到最好的治疗。周震鳞在耄耋之年，还被邀请于每年“五一”“十一”在天安门城楼观礼，也常常被邀参加一些国事活动。在中南海怀仁堂参加各种会议时，毛泽东总要走到周震鳞跟前，与他握手交谈。周震鳞尽管年事已高，须发全白，双耳重听，但由于毛泽东的关怀、鼓励，目睹国家由动乱落后走上独立强盛，心情十分舒畅。他怀着对新中国的一腔热情，积极参政议政。他曾当选为第一届全国政协委员，第一届和第二届全国人大代表，并任中国国民党革命委员会团结委员。在任期间，对教育、科技、体育和统战工作发表了很多很好的意见。1964年3月28日周震鳞在北京病逝，享年90岁。毛泽东为他送了花圈，对这位教育耆宿，他老师的老师，老同盟会员和民主革命先驱，表示了最诚挚的敬意和深切的怀念。

周震鳞，他是修业的“启明星”，也是永载史册的功臣。

修业的“磨血人”——彭国钧

彭国钧（1877—1952），原名深梁，号贤访、潜舫、全方。1877年12月生于湖南安化县小淹沙湾张家冲的一贫农家庭。父母早逝，同胞兄弟姊妹9人，他排行第五，受诸兄支持得以苦读，1898年考中秀才。之后于本乡任教，两年后入长沙岳麓书院攻读学业，受新学影响而考入明德学堂速成师范第一班。1905年应周震鳞先生之聘于修业学堂任教，不久由周震鳞介绍加入同盟会。1907年任修业小学堂长，时逢学校处境极艰，堂长的薪水都不能按时发放，但仍苦心经营学校。1908年受周震鳞之托任修业监督。不久，他成为同盟会的早期会员。1912年创办长郡中学，当选为国民党支部评议员。1913年奉派赴日本考察教育，历时半年之久。1917年，教育部明令嘉奖："修业学校以朴诚奋勉养成校风，洵他处所难觏，奖给学校'为时养器'匾额。彭国钧兼办长郡中学，是为两校楷模"，奖他三等褒章一枚。

彭国钧跟修业师生谈话，每引管子的话说："一年之计莫如树谷，十年之计莫如树木，百年之计莫如树人。一树一获者谷也，一树十获者木也，一树百获者人也"，以此告诫师生，造就人才的重要与艰难。原长沙明德中学校长胡元倓先生既是他的同道挚友，又与他有师生之谊，因而过从甚密，况"修业""明德"渊源相系。胡元倓的"磨血论"，自然成了彭国钧办"修业"的座右铭。胡元倓对黄兴先生说过这样一段至理名言："流血革命危而易，磨血革命稳而难。公倡革命，乃流血事业；我办教育，是磨血之人"，彭国钧对胡元倓的"磨血论"真可谓心领神会。他把"修业"当成自己"磨血"的磨子，并以毕生的心血精力去推动这副磨子。他堪称"修业"史上重要的"磨血人"。

彭国钧重教"磨血"，具有3个重要特色：

首重树良好校风。他在修业长达44年，且大部分时间任学校监督、主事或校长等主要职务，对修业校风的养成起了重要的作用。要树良好校风，必有良好师资队伍。他先后聘请一批思想激进、学有专长的进步人士来校任教，其中黄兴、徐特立等就是代表。

彭国钧还注重培养学生崇尚科学民主的思维品质与勤劳朴实的精神。他以"公勇诚朴"和"习劳耐苦，崇朴尚实"为修业校训，并经常告诫修业师生说："蓑衣斗笠草鞋是我们的制服，锄头扁担粪桶是我们的工具，镰刀枝剪是我们的武器，纸笔墨砚是我们的宝贝。"他对师生严格要求，要求他们每年4月1日至10月1日均赤脚或穿草鞋，跟农民一样在田间作业。对学校的生产生活实行民主管理，要求生活艰苦朴素，为提倡教学与生产、科研结合，他曾赴日本和外省学习考察，仿日学制，办农学实验科，设棉稻实验场等。他谆谆教导学生："要干大事，不要做大官；要在艰难困苦中去磨炼，不要贪图安逸。"经数十年不懈努力，修业学校"朴诚奋勉"校风日醇，在省内外获得了广泛的认同和赞扬。

次重全面育人。彭素来认为，德育，要重“爱国救国，为民服务”的思想精神的灌输培养；智育，要重学以致用和实践技能的培训；体育，是强壮国民体魄，提倡科学文化，使民族兴旺、国势兴隆的保证，三者互为促进，缺一不可。这是他矢志兴学育人，力倡教育救国，数十年如一日，辛勤经营修业的实践宗旨。时人有“修业叫化”“长郡丘八”之讥，实是重德、智、体三育全面发展的体现。修业的赤脚草鞋，“长郡”的制服绑腿，标志着两校重育德、育智，更重全面育人。难怪两校师生称赞校长道：“彭校长艰难创业，办学认真，教育思想三育并重，特别提倡学术研究和体育锻炼，要求严格，以身作则，素有‘老虎校长’之称。”

三重“磨血”身教。彭在教育学生时重视表率的作用，他自己更是以身作则，一生勤俭朴素、廉洁奉公，在社会上和师生的心目中都留下了深刻的影响。

彭国钧一生从教共 47 载，在修业竟达 44 个春秋，呕心沥血，从教兴农，成绩良多。1946 年，时省府呈请准教育部，评彭国钧为湖南教育界“五老”（曹典球、何炳麟、曾约农、黄士衡）之一，尊为教育家，饮誉三湘。

1952 年 5 月彭国钧先生辞世。

修业的“老黄牛”——姚舜生

姚舜生（1898—1962），号家祜。1898 年农历三月生于湖南长沙县一个中医世家。在五四运动新思潮的熏陶下，他立志为改革社会做贡献，并选定农业报国的道路。1922 年从南京国立东南大学（南京大学前身）农科毕业，开始了他从事农业科技和农业教育的漫长征程。1929 年，回湖南任湖南省建设厅农业技正，兼省立高农农科主事。1932 年 8 月受彭国钧先生之请，任湖南私立修业高级农业职业学校农业部主事，并兼实验实习农场场长。新中国成立后，先后任修农副校长、湖南农学院高农部主任和长沙农校校长和第二校长、副校长等职，前后共达 30 年之久，他因重实践与生产教学相结合的作风被誉称为“湖南的陶行知”、农业教育家和修业的“老黄牛”。

20 世纪 30 年代初，修业农校面临许多难题，加上旧社会办农业教育在当时是冷门，不受社会重视。因此，要使修业能办成出色的农业学校，不仅要有雄厚的师资力量，更需觅一位既有农业科技专长又有坚强事业心和无私奉献精神的人来主持修业农业部和农场的教学与生产、科研工作。经校董会认真磋商后，选定姚舜生为修业农业部主事兼农场场长。任职期间，他凭借正直进取的思想品德，艰苦创业的开拓精神，勤俭朴实的表率作用，在师生心目中留下了永不泯灭的印象。

姚先生还经常对学生进行理想和品德教育，他反复说：“有的人想的只是追名逐利，个人奋斗。真是鼠目寸光！我们应该做一个真正的人，应该有更宽广的胸怀，要像孙中山先生说的那样，‘要做大事，不要做大官’”。关于“在普通中学增开农业常识课”的建议，就是姚先生和一些同志首先提出来的，最终被教育部采纳。姚先生一生正直、无私、进取的形象，深深地烙入师生的心窝。而姚先生的“钻荆棘窝”的傻劲和“泥脚腿子”的精神，更在修业师生心目中牢牢地扎了根。1929 年，他从工作条件好、生活待遇高的省建设厅农业技转向去私立的、工作条件艰难、生活艰苦的修业农校任职，一些不理解他的亲友都说他“好傻”，他无怨无悔说：“我学农爱农，为兴农而把这所农校办好，正是我自选的终身大事，也是我报国的远大抱负。”后来，他干脆辞去省建设厅职务，全家搬到“修农”校内，专心致志地为学校的发展奋斗终身。

老革命家王首道同志曾亲笔致函姚先生：“先生长期从事农业教育，树木、树人，贡献殊多，实堪敬佩!”这些话，代表了党和社会对这位卓越的农业教育家、修业的“老黄牛”的崇高评价和深情钦敬。

1962 年 3 月，姚舜生先生因病逝世。

第二章　湖南省长沙农业学校

（1952—2001）

第一节　旧貌焕新（1952—1957）

新中国成立后，1950—1953 年，学校同全省其他许多行业单位一样，曾有 3 年的恢复时期。其间，经历了辗转接办和协调恢复之后，湖南省长沙农业学校从“修业”脱胎而出，开始谱写在中国共产党和人民政府领导下的历史新篇章。1953 年 12 月，由罗特任校长，姚舜生任副校长，姚校长具体负责后勤等工作。学校认真贯彻执行《中等农业学校章程》，遵循全国中等专业学校教育工作会议精神，积极推行教学改革，学校出现了欣欣向荣的景象。

一方面，办学规模不断扩大。学校自东塘两度迁址，1957 年在长沙县姚家托东湖重建新校（现在校址）。学校三面环水，绿荫掩映，环境优美，占地面积约 3200 余亩。新建校舍面积 12580 平方米，实验室添至 7 个，开辟实习农场 3132 平方米。学校拥有图书 33800 册，教学仪器 27672 件。专业设置上，根据湖南省农业生产发展实际的需要，结合农业合作化高潮的新形势，学校保留原来的农作、植保专业，新增土地规划专业，定修读学制为三年。是年，在校学生人数 737 人，教师 158 人，其中专职教员 67 人。同时，教学改革也在顺利推进。1953 年学习苏联经验，采用启发式教学，强调理论联系实际，有计划地组织学生到农村去，锻炼培养学生的实践动手能力，教学质量得到显著提高。1955 年学校认定和提倡的“少而精”教学原则，得到了教育部的充分肯定，并在全国理工科中专学校加以推广。1956 年，根据高教部的精神指示，学校成立了农作物专业国家考试委员会和植物保护专业国家考试委员会，毕业班农作 301 班和植保 301 班分别参加了国家考试。通过考试才能获得国家证书，两班 79 名学生有 75 人获得初级农学家毕业证书和初级植物保护学家证书，考试通过率达 95%。

教研教改喜结硕果。学校高度重视师资队伍建设，广纳人才，选派中青年教师参加进修来提高自己的业务水平，鼓励教师参加全国中等农业教材和教学大纲的编写。1956年受农业部委托，由李若飞老师负责主编《昆虫学》；同年，抽调张人佑等6人编写了《作物栽培》《农业知识及农作学》《病虫害学》《昆虫学》《家畜饲养学》《饲养生产附植物学基础》《农业社经营管理》等教材，为中等农校教材建设和培养农业合作化干部做出了贡献。

1954年成立了数理化学科委员会、体文卫生学科委员会、基础技术与动物饲养管理委员会、植物保护学科委员会、农作物学科委员会。在学校行政部门和学科委员会的共同领导下，教研教改喜结硕果，人才辈出。这几年毕业生大多成为农业技术和农业科研骨干，有的还成为管理行家或党政机关负责人。如：

彭建文，1952年毕业于农艺科，湖南省林科所研究员、技术顾问。先后在国内外学术刊物上发表论文80余篇，主编了《湖南森林昆虫图鉴》，参编了《中国大百科全书·农业传》等18部学术著作；1985年以来，获10项科技进步成果奖，两项省科学大会奖，1991年国务院授予他“政府特殊津贴证书”。

尚国强，1954年毕业于农作3班，湖北宜昌市农牧局总农艺师、副研究员，青年中有突出贡献的国家级专家。他主持或参加选育出的水稻优良品种（系）有多个，其中“鄂宜105”等的研究成果，获农业部科技成果一等奖、中国农科院科学进步一等奖。

徐运启，1954年毕业于农艺3班，华中农业大学副教授，著名水稻育种专家。由他选育成的有早籼稻“7815”“7817”“7833”“华矮837”，中籼稻“华矮408”“059”，早杂新组合“汕优413”“Ⅱ优413”等十多个优良新稻种，其中“华矮837”在湖北、湖南、广西、江西、安徽等省推广种植共800余亩，1955年被湖北评为一等优质早稻，同时获科技进步三等奖。

胡九成，1955年毕业于农艺专业，江西工业大学教授，化学专家。他参加的国家重点研究课题有7项，其中《生物电催化》在酶的固定化即酶电极的研制方面处于国内领先地位，《离子交换膜在氯碱工业中的应用》《离子交换——电渗析法处理黑液回收碱及木素的研究》，获江西省1980年科研成果二等奖，《活泼矿浆法生产过磷酸钙》，获国家发明专利和第二届国际专利及新发明博览会银牌奖。

缪礼维，1958年毕业于兽医专业301班，新疆生产建设兵团农八师石河子市畜牧局局长。他主持的“中国美利奴（新疆军垦型）细毛羊繁育体系”课题，获农业部1990年科技进步一等奖和1991年国家科技进步一等奖。

第二节　稳定发展（1958—1965）

1958—1965年是学校发展的一个重要时期，其间虽经历了教育革命的曲折发展，受到3年困难时期的影响，但在党的领导和全校教职工的共同努力下，学校没有停止向前发展的步伐。

1958年9月19日，中共中央、国务院发布《关于教育工作的指示》，规定“在一切学校中，必须把生产劳动列为正式课程”。全国学习江西共产主义劳动大学“半工（农）半读，勤工俭学”的经验。在这种思想指导下，长沙农校也从大搞劳动入手，实行“学校工厂化、农场化、知识分子劳动化”，成为劳动学校。

1960年，这场在时间上与“大跃进”同步的“教育革命”，形式上以大搞劳动、大胆改革、开展群众运动和政治运动的方式进行。虽然也培养了学生艰苦奋斗的思想，改善了实习基地，学校收入也有所增加，但却将教学大纲、教材和科学的教学方法束之高阁，把教学联系实际误为“实用”，极大地冲击了客观教学规律。当时国家遭遇严重的自然灾害加上和苏联的合作破裂，全国面临了一段经济暂时困难的时期。根据党中央国民经济“调整、巩固、充实、提高”的方针，从同年10月起精简机构，下放师生员工，将8个专业合并成5个。1961年8月，学校开始着手纠正偏差，一度废弃的教学原则、教学方法和规章制度又得以重申，重新提出“建立以教学为主”的学校工作秩序。同时，再次落实知识分子政策，要求划清政治与学术问题的界线，激发了教师教学和学生学习的积极性。

这段时期学校为湖南省及全国输送了数千名合格的中等农业工作者，他（她）们后来都成了各级农业科技骨干和行政管理的中坚力量，为推进省和国家的社会主义物质文明与精神文明建设做出了令人瞩目的辉煌成绩。当时学校所培养的学生，不仅学习成绩好，而且吃苦耐劳、劳动观念强、善于跟农民群众打成一片；还能理论联系实践，既掌握较强的专业文化知识，又有较强的动手能力，实践操作技术熟练，具有较强的生产技术和管理能力，深受广大基层单位的欢迎。

1963年5月，为了使农业教育更好地适应国民经济的发展，湖南省畜牧兽医学校并入长沙农业学校，学校各方面的建设工作得到加强，新增了牧医专业，与农作、植保两专业一起构成了学校的重点专业，为学校发展成为综合性中等专业农校奠定了良好的基础。

第三节 经受挫折（1966—1976）

1966 年 5 月—1976 年 10 月的“文化大革命”，使党和国家经受了新中国成立以来最严重的挫折。文教界成了重灾区，位居湖南省会东郊东湖的长沙农校，亦未能幸免。

1968 年 6 月，成立了长沙农校革委会，谢建文任革委会主任。自 1966 年 8 月至 1969 年 3 月，校内校外全面派战，群众组织山头林立、纷争不休。1969 年开始，中国人民解放军 6900 部队高炮团和 6809 部队、0590 部队、0612 部队先后进驻校园，到 1972 年 8 月 18 日 0612 部队最后撤出学校。因“文化大革命”的影响，先后自动分割出土地 2000 余亩，如东湖渔场的现有水面当时全部属学校范围；现东湖老干部休养所的土地在 1964 以前同属学校；现湖南省植保植检站和湖南省蚕种冷库的土地在 1978 以前同属学校。

1972 年冬季，学校开办短期培训班，开始了复课招生。1973 年 10 月招收了“文化大革命”以来第一届工农兵学员并分为了 3 个班共 120 人。1974 年，衡阳水产学校并入学校，从此增设水产专业。1975 年，学习朝阳农学院经验，实行开门办学，分赴全省各地与农民同吃、同住、同劳动，进行思想改造和劳动锻炼。1976 年粉碎“四人帮”以后，学校恢复了蚕桑专业，并与澧县蚕桑站（所）开展合作办学。至此，学校设有农作、植保、牧医、水产、果茶和蚕桑 6 个专业。学校正常的教学秩序正在逐步恢复。

第四节 欣欣向荣（1977—2001）

“文化大革命”结束后，学校认真落实党的知识分子政策，及时解决历史遗留问题，调动了广大知识分子的积极性。

一、加强教学管理，建立正常的教学秩序

一方面建立健全教学管理制度。学校先后建立了《教师考核制度》《教师教学工作规程》等 15 项制度，并完善制定了《班主任工作量化目标管理细则》和《学生日

常工作量化目标管理细则》。1998 年，学校又通过了《长沙农校教职工考勤考绩目标管理试行办法》，合理设置各类型的管理机构且机构职责分明。另一方面加强教学工作检查。1999 年 9 月，学校成立教学质量小组。为了不断深化管理体制改革，各部门制定了为教学服务的制度；为了加强民主管理，1988 年 9 月成立第一届教代会，充分调动了广大教职员工的积极性。

二、加强师资队伍建设，深化教学改革

一是加强师资队伍建设。鼓励教师终身从事农业职业教育；完善年轻教师培养制度，其中包含对新入职的年轻教师的要求：首先必须为他们明确一名指导教师，必须制订五年在职进修计划，必须到实验室、农牧场、加工厂或校外实习基地锻炼一到两年；组织年轻教师参加科研和外出进修；另外，抓考核，1 年进行 1 次考核，5 年进行全面考核，对非师范院校毕业的教师均要进行教育学和教育心理学的补课和进修，聘请北京师范大学、湖南师范大学教授作教育学知识培训。组织中老年教师积极参加全省乃至全国农职校教材、教学大纲和教学计划的编写，更新和充实专业知识，提高业务水平和教学能力。二是加强实践性教学。加强了实验室的建设，使学校拥有实验大楼、兽医院、电化教室等 5000 多平方米的教学实验实习场地；学校实习农牧场有水田、旱土、果园、桑园、中草药园、植物园、土肥园、鱼塘、花卉等基地 327 亩，有家畜、家鱼孵化室、特种水产养殖基地和种猪场、奶牛场及实习加工厂等；加强实践性教学的管理，健全实验实习规章制度，实行实习基地师生共管制度，加强了教师和实验员的专业技能培训。三是重视教科研学术活动，积极开辟第二课堂，获得省级、国家科研成果奖 15 项，如：曾吉安主持的《沅江县等农村产业结构及劳动转移的研究》获国家农业区划委员会科研成果二等奖；罗宗艳参编的《土壤环境容量研究》书籍获中科院二等奖、国家科技进步三等奖；罗海亮主持的"长早籼 6 号水稻品种"获省农业科技进步三等奖；肖汉伦设计制造的"小型实用化学试验箱"获国家专利。1978 年以来，参加编写教材和科普书籍达到 100 多人。另外，学校创办了《长沙农校校刊》《长农简讯》，推动教改科研，促进信息交流。积极开展第二课堂活动，丰富学生的校园文化生活；创办各种协会、学生社团共 14 个，提高了学生的综合素质，各类协会和学校社团积极参加全省乃至全国各项比赛并在其中取得较好的成绩，如书法协会梁治国在校期间曾获"俊隆杯"国际金奖。

三、调整专业结构，改革招生分配制度

一是调整专业结构。1980 年前，学校只有农作、植保、牧医、水产 4 个骨干专业。为适应社会经济发展的要求，学校拓展了专业结构。1978 年下半年招收植保、牧医分为了 4 个大专班共 160 人。1985 年在全省率先办起了农产品加工专业，成为当时学校学生人数最多（在校学生近 300 人）、设备最先进的骨干专业。1987 年开办了农经专业财会班，培养乡镇企业会计 94 人。1988 年与省土壤学会、湖南农学院联合开办了不包分配的国土专业大专班 85 人。同年 4 月，教育厅委托学校举办农村职业中学师资培训，分为 3 个班共 129 人，学制一年半。1992 年，为适应农村职教发展，开办农业职教师资专业。1993 年创办高效作物、特种养殖、农村经贸专业。1995 年增开文秘、电算会计、乡镇企业管理、饲料营销 4 个专业。1996 年借鉴加拿大 CBE 教学模式，制定了牧医模块教学和语文“三才”（会写、会说、会做）教学改革方案，调整课程结构，以适应市场经济需要。二是改革招生分配制度，实行了“六个结合”“八种形式”。“六个结合”是：统招包分配和统招不分配结合，学历教育和非学历教育结合，“长训”和“短训”结合，“自办”与“横向联合办学”结合，面授与函授教育结合，校内办班与校外办班结合；八种形式是：统招公费包分配、统招收费包分配、统招公费不包分配、统招收费不包分配、委托培养、院校合办、校所（科研所）联办、县（场）校共管等。如 1983 年开办了首届多种经营自费班，招生对象是全省各地的专业户、重点户、科技示范户等，经营自费班主要面向农村培养人才。1989 年（长沙县）校共管班招收首届家庭经营专业的学生。

四、建立培训中心，支持农职校办学

为了更好地为农村经济建设培养更多合格人才，学校提出“一体两翼”的办学模式，即以中专为主体，以大专和短期培训为两翼。1980 年建立了培训中心，1981 年，被农业部正式确定为全国农业中专师资培训基地；同年，农业部又把它列为全国农业财会人员培训基地。1983 年 12 月，改名为农牧渔业部中等农校师资长沙农校培训中心。1986 年 7 月，更名为湖南省农业职业技术培训中心。同年，农业部争取到的联邦德国诺曼基金会无偿援建的项目落实在学校。1988 年，又更名为中国、联邦德国长沙农业职业技术培训中心，该中心隶属农业部与湖南省政府，由二者共同领导。培训中心自建立以来，举办了师资、农干、团干等 50 多种培训班。1988 年受经贸部和农业

部委托开办莱索托王国农业技术官员蔬菜进修班。到1993年止，各类培训共培训学员13000多人。1989年，农业部授予培训中心“成人教育先进单位”称号。1987—1995年诺曼基金会赫尔曼教授、温舍博士和塞拉先生等外籍专家驻校工作。

学校支持教师编写全国农业职业学校教材、教学大纲和教学计划。目前，已有30多位教师参加编写的教材共20多种，为农业职业学校培训各类师资6130人。学校指导职业中学办学，派10多名教师对长沙、湘阴、汨罗等6所职中进行指导，并帮助攸县职中建了梯形橘园，帮助长沙职中办起了“鸡—猪—沼气—鱼—稻”循环利用生产模式。另外，学校还无偿援助职业中学实验仪器百余台件，价值四万多元。

五、为地方经济服务，扩大了社会影响

一是认真办好“农科教”三结合基地。1990年学校派校领导在攸县大桐桥乡建立“农科教”三结合基地，帮助规划，扶持职教，引进良种，推广科技，最终该乡连续几年粮食增产，农民实现增收。二是走出校门，开展农业科技咨询服务，为农户排忧解难。牧医专业罗贵恒老师担任“星火计划”养殖技术顾问，为61个县市学员传授专业技术；20世纪80年代以来，兽医院的专业老师指导高年级学生组成巡回医疗小分队，为农户的禽畜防病治病，每年治愈禽畜近万头，挽回经济损失近10万元。《光明日报》曾以“连心桥”为题报道了学校为农村经济服务的先进事迹。1991年，刘兴中老师被评为全省农技推广先进工作者。学校种猪场每年为社会提供优良种猪约3000头。游贵湘老师所培育的杀螟杆菌，1987年获省科技大会先进个人奖。1990年曹士贤老师在长沙市郊推广蔬菜高产栽培技术，为菜农创造经济效益120多万元。罗海亮老师培育出“长早粘6号”等水稻品种，向全国成功推广45亩。徐鹤松老师培育“晚籼82H-4”“早籼HP-893”并推广5万多亩。1999年肖君泽老师培育的高产高蛋白水稻品种“长早籼9号”，2000年培育的优质高产水稻品种“长晚籼1号”经长沙市品种委审定，累计推广共200多万亩。这些都是学校服务社会的有效例证。

新中国成立以来，长沙农校在各级党和政府的领导下，认真贯彻党的教育方针，通过全体师生员工共同奋斗，忠诚地为湖南人民服务，为农村经济服务，创建了国家级重点中专学校，学校实现了上等级、上规模、上水平的目标。学校为社会培养了3万多名各类技术管理人才，其中有一大批突出贡献的科技专家、教育专家、行政管理专家、优秀企业家，有数十载扎根基层服务农民经验的优秀技术推广专家和创业、示范的新一代农民。

第三章　湖南省农业机械化学校

（1958—2001）

为发展农业生产，实现农业的技术改革，党中央从1955年起召开了一系列重要会议，多次强调要解决农业问题，必须逐步实现半机械化和机械化。

1950年湖南省农业厅成立了抽水机总站，1956年开始建立国营拖拉机站。到1957年全省陆续建立了50多个大型国营排灌站和乡排灌站，这些农业工程设施一经投入生产，便迅速显示出经济效益。但由于缺乏农机技术人才，不仅农机具的研究、试制、鉴定、推广无法普遍开展，就连已有的机械设备也不能发挥最佳经济效益。因此，为农业现代化培养中级工程技术人才便尤为迫切。1958年，时值我国社会主义经济建设第二个五年计划的开局之年，湖南省农业机械化学校应运而生。它是一所为农业服务、符合湖南省农业技术革命需要的工科性质的中等专业学校。

第一节　艰苦创业（1958—1965）

湖南省人民委员会于1958年7月批准创办湖南省农业机械化学校，刘计任校长，学校隶属农业厅，并在浏阳河东岸张公岭至马坡岭之间的长平公路两侧山地建校。为加速人才培养效果的显现，学校决定当年秋季招生，在湖南省农业干部学校（今马王堆省干疗养院）建立一批完善的组织管理机构和优质的教师队伍，招收第一批新生（农机化专业6个班）共300人于9月8日入学，这是湖南中等农机教育的起点。

遵照省农业厅的指示，学校实行“劳动建校”的方针，学生每周上课4天，劳动2天。30多个教职工与学生一起参加建校劳动。教材采用中等专业学校通用教材和教学大纲，教师大多是应届大学毕业生。他们努力钻研业务，认真备课和辅导，与学生打成一片，师生感情融洽，教学秩序良好。

1958年年底，迁往学校基建工地。这是2000多亩山地，分布在长平公路南北两翼。北面划为教学基地，当时的地貌是七沟八壑，荆棘丛生，高低处的标高差达50多米。整个校区找不到一块10平方米的平地。路南是未来的实习工厂（今省劳动技校），那是一片坟海，枯骨遍野，原系历代政府的行刑场。

整个工地无水、无电、无人家。几栋多年失修的茅屋权当教工宿舍；长沙市一中办农场遗留下的猪舍，稍加平整，便作为教室和食堂，后来又作为两个班的学生宿舍。有3个班的学生住在两华里外的山沟茅棚里，牛棚和破烂不堪的解家祠堂都作了教室。没有水，学生轮流到半里外的田里挑水做饭；没有车，学生用板车到长沙市拖粮、拖老糠（代柴火）。全校师生白天上课、工作，夜间到长沙农校挑砖、搬瓦；没有菜，学生自己种。在这样艰苦的条件下，全体师生齐心协力，想的只是尽快建设好学校。经过两年多艰苦劳动，终于先后盖起了办公楼、教学楼、实习工厂、实验楼、学生宿舍和食堂，建筑面积共计11750平方米。后期学校又装上了电灯，开凿了水井，改善了教学条件。可以说，1960年前盖的校舍，每块砖瓦都渗透着师生们的汗水。师生们的劳动为学校节约了大量的基建投资。

由于教学条件的改善和教师队伍的逐渐扩大，1959年又招收农机化专业学生300人。1960年增设了农业电气化和土地规划2个专业，共招收中专学生484人。后来首次开设农业机械化专科班，招生96人，在校学生共1188人，扩大了办学规模。同时，附属工厂建设初具规模，拥有技术员和技术工人51人；修理、锻工、加工3个车间的建筑面积近2000平方米，配有各类机床设备32台件，预计下半年开始投产并接纳学生实习。

在国民经济处于暂时困难时期，根据党中央“调整、巩固、充实、提高”的方针，1960年11月，省农业厅决定，学校一二年级师生共800多人全部下放西洞庭农场，参加农场生产劳动达九个半月。他们白天和农工一起从事繁重的生产劳动，夜间还坚持上课，直到1961年8月回校复课。11月，成立党总支委员会，刘计兼党总支部书记，副校长蒋运和、赵尚清兼任总支委员，下设行政、教学、工厂3个党支部。1961年，根据农业厅的决定撤销了农业电气化、土地规划专业和农机化专科班，将60级的中专生不分专业实行统一整编，在农机化专业6个班、电器专业2个班及土地规划1个班共9个班437名学生中，择优重新录取132人编成农机3个班，其余305人全部动员回家。同年招收4个农机班。10月，将4个班中原来吃商品粮的学生编成农机17班，与60级的3个班于1964年同时毕业，其余的学生放假1年。1962年停止招生，放假回家的学生延续假期1年，这期间部分学生自动放弃学籍。1963年秋120人复学，编成农机化3个班。附属工厂扩建。

1964年全国经济形势好转，学校进入稳步发展时期。当年招收农机2个班共90人，1965年又招收2个班共90人。

随着学生的调整，对教职工也进行了相应的调整：一部分教师调往基层教学单位；一部分专业不对口的教师调往生产企业单位。少数职工和干部下放回农村生产。

在此期间，为提高教学质量，学校对教学计划也进行了全面修订。新修订计划着重加强了基础理论和基本技能的训练，增加了机械零件知识的课程设计。在操作方面，加强了金工实习、修理实习和农机运用实习。1962年后，教学计划渐趋完善，教职工队伍也基本稳定，教学质量逐步提高。

第二节 逆境求生（1966—1976）

1965年年底，经湖南省人民委员会决定，湖南省农业机械化学校及其附属工厂划归省机械工业局管辖。

1966年，“文化大革命”开始后，学校成立了革命委员会，宣布停课闹革命。同年，停止招生。此后，学校处于一片混乱之中。教学工作完全停顿。

1969年3月，省革委会决定，省直各厅局二级机构所有干部到长沙河西各大学集中搞“斗、批、改”（即所谓重新审查干部），学校除工人和少数干部留守学校外，绝大多数教师都参加了省革委会第十期毛泽东思想学习班。1969年4月，省革委会生产指挥组农林水组下文，撤销省农业机械化学校，令学校将全部校舍及基地全部移交长沙新中机械厂。新中机械厂旋即派员来校洽谈移交事宜。在学校留守负责人拒绝签字的情况下，新中机械厂竟自行进驻学校，开始基建土方工程的施工。

1969年11月，以“重新审查干部”为主要内容的第十期毛泽东思想学习班告一段落，刘革健同志奉命率干部、教师共30多人回到学校，筹办农机训练班，其余干部和教师由学习班另行分配工作，原校长刘计从此离开了学校。

1969年冬，在北京召开了全国建设县农机修造厂会议，周总理在会上作了重要讲话，并号召农机战线的干部要终身立志于农机事业，会议指出，要加速培养农机技术人员。为了贯彻这次会议精神，使中等农机教育不至于中断，刘革健、黄运连等同志积极进行争取复校的活动，终于得到省领导同志的支持。1969年11月以《省革字33号文件》通知省农机校和有关单位：“省农业机械化学校在原址办校。原有房产、土地仍归学校所有且要保持原有规模。”12 月，新中机械厂停止施工并撤离学校。学校得到恢复，给教师们以很大鼓舞。

1970 年在学校党组织领导下，学校组织教师到各县农机厂和公社进行调查。在调查中发现农民很需要培训拖拉机手的教材。回校后教师们便立即着手编写《拖拉机驾驶员读本》。经过半年多的努力，他们克服了资料缺乏的重重困难，终于编成了湖南省也是当时全国的第一本《拖拉机驾驶员读本》，1970 年 10 月由湖南人民出版社出版。这本书一出版立即受到全国广大培训单位和读者的欢迎。正当教师们对农机事业充满信心、干劲倍增的时候，省机械局却传达了省军区某领导人的意见：“因战备需要，省农机校必须在一个月内全部迁出。校舍移交给哈尔滨军工学院（后改称长沙工学院）。”于是，1970 年 11 月，学校奉命迁入省农机所。与此同时，省机械局还决定，将学校附属实习工厂所有人员、机械设备全部并入湖南拖拉机制造厂（常德津市），5000 多平方米的厂房，7400 多平方米的家属宿舍均交给长沙农机配件厂（现名为省劳动人事学校及湘训公司）。此后，学校变成了省农机研究所下属的一个“教学组”。

教学组从领导到工人总共 30 多人，其中有 10 多个教师，学校的教学仪器设备经过搬迁所剩无几，要开展教学活动，困难重重，但是教学组的领导和教职工没有被困难吓倒。他们团结奋斗，在逆境中拼搏，以实际行动赢得农机教育的新生。在农机所的 2 年多时间里，他们主要做了以下几件大事。

一、开展技术服务，为用户分忧

教学组针对湖南省拖拉机高压油泵修理难的情况，因陋就简，自制设备，迅速建立起一个油泵、电机的修理车间，又以师带徒的方式免费为各县培训油泵修理技工，赢得了良好的社会信誉的同时也收获了全省的援助。油泵和电机从全省各地源源不断地送来，不但直接支援了农业生产，而且也锻炼了技工的动手能力，从一方面考察了教师的培训质量。

二、试制高压泵试验台

“高压油泵试验台”是油泵修理不可缺少的精密设备。教学组派出教师到广东参观学习，搜集资料，并描制全套纸样，回来即着手试制。经过一年多的努力，湖南省第一台高压油泵试验台终于试制成功。经反复测试鉴定，后经省机械局批准，高压油泵试验台在学校成批生产，从而为湖南省 40 多个农机修理厂提供了一项重要的测试设备保障。

三、编写农机培训教材

20世纪60年代湖南省农机工业有了较大的发展。大量的柴油机、手扶拖拉机、农用水泵投放农村，各类机手的培训工作迅速发展。省局决定组织教师编写了《农用内燃机》《农用水泵》和《工农-10手扶拖拉机》，并由湖南人民出版社出版发行。此外，还编写了《东风-2型动力插秧机》等教材。1972年应湖南人民出版社的要求，又重新修改完善《拖拉机驾驶员读本》，修改后的该书获1981年全国优秀农机科普三等奖。这些普及教材的出版，及时解决了湖南省和兄弟省的农机技术人才培训缺乏教材的问题，大大促进了湖南省农机事业的发展。

四、举办短训班

1971年，根据各地县的要求，教学组为全省举办了一期农村机务人员训练班，为期半年。训练班开设了《机械制图》《金属材料》《机械常识》《拖拉机构造原理》课程，并为参加培训的人员提供了驾驶实习的机会。1972年，举办全省拖拉机师资训练班，招收学员200人，为期半年。农机所的猪舍被拆建成一个800平方米的车间，一半作为住房，一半作为教室。但还是因人多房少，最后仅容纳120人，另外80人借农学院校舍，与农学院合办。以上两期训练班的开办，提高了学员的技能水平，丰富了学员的知识储备，为全省农机培训工作的全面开展打下了良好的基础。

1972年秋，毛泽东同志签发中央28号文件，要求部队占用地方机关、学校的房屋限期归还。根据中央文件精神，经过谈判磋商，1972年12月省革委会批准省农机校迁回马坡岭原校址办校，要求长沙工学院将全部房产和学校土地移交给原有农机学校。

1973年春，省机械局要求学校恢复招生，秋季招生140人，并于上半年在马坡岭举办“东方红-40拖拉机”训练班。根据省机械局下达的任务，为做好训练班和秋季招生的准备工作，在长沙工学院撤离之前，学校派部分教职工搬回马坡岭。工学院不移交房屋，他们就利用食堂和原来的金工实习车间办了一期训练班。7月，工学院腾出实验楼，在农机所的教职工才得以陆续迁回。办公、食宿都挤在一楼，二楼作为教室和学生宿舍。同年10月，农机化2个班，农机修造2个班，首届工农兵学员共140人开学。同年，重建实习工厂和专业实验室后，结合教学任务开展多种生产项目。学校被省机械工业局列为定点生产农机修理专用设备“高压油泵试验台”的单位，同年又被列为湖南省“丰收拖拉机分配式高压油泵”3个维修点之一，每年修复分配式高压油泵600多个。直到1974年上半年长沙工学院才全部撤离。

1974年成立省农业机械管理局（以下简称“省农机局”），学校划归省农机局领导。省农机局很重视学校的恢复和建设，并直接审批通过了学校实验室建设计划。从1974年下半年到1976年，教师们自己采购材料设备、自己安装机械、自己制作教具，陆续建立起拖拉机、农业机械、修理、金工、电工等实验室。实习工厂、大修车间和机加工车间也先后重建完成，为学校的迅速恢复创造了有利的物质条件。

1973—1976年，教师队伍得到迅速发展。在这段时间里，学校又组织教师们编写了《拖拉机修理》《拖拉机构造与使用》《农业机械》《金属工艺学》等中专教材，使教材逐步正规化。在这期间，“四人帮”“左”的思潮对教学的干扰也是很严重的。教学计划根本无法执行，学生不能系统地学习理论知识，教学质量明显下降。

第三节　开拓前进（1977—1995）

“文化大革命”结束后，特别是党的十一届三中全会以后，认真落实党的知识分子政策，提高了教师的社会地位，改善了教师的工作和生活条件，学校面貌大大改观。

1977年恢复统考招生制度以后，农机化专业和农业机器修造专业的学制都改为三年，开始招收高中毕业生，全面修订了原有专业的教学计划，在原有基础上加强了基础理论知识的讲解和基本技能的训练，进一步扩充了实验设备，从教学计划上提高了人才培养质量的规格。新的教学计划和新专业的开设要求要有与之相适应的新教材。1977年以来，学校先后组织教师们编写了《拖拉机》《农业机械》《拖拉机修理》《金属工艺学基础》《机械制图》等多种全国统编教材和一套专业课和基础课的教学大纲。

1977年以后教学研究活动比较活跃。几年中学校组织公开课、观摩课共50多次。此外，还组织老教师开展教学方法类讲座、教学经验交流共达20多次，这对改进教学方法、提高教师工作水平起到了启发示范作用。

1978年开始招收农业机械化大专班（1979年春入学），1982年秋，开设农村电器设备专业。20世纪70年代初期，汽车、拖拉机生产发展很快，但曲轴、油泵、发电机、马达等易损件供不应求，造成了大量的汽车、拖拉机无法及时修理，机车完好率极低。针对这一技术性问题，学校领导与教师商定，结合教学，开展曲轴、油泵、发电机、马达等旧件修复工艺研究。通过几年的努力，成功开发了金属喷涂、振动堆焊、埋弧焊、低温镀铁、化学胶补、转子碾磨、油泵调试、电器试验等多项旧件修复工艺，并开始向全省推广，但仍然不能满足农机发展的需求。1978 年年初，时任省委副书记万达同志指示拨专款给学校 10 万元，由学校举办农机旧件修复展览，号召全省有关部门单位参观学习并进行推广。通过半年的努力，建成 1000 多平方米的展区，于同年 10 月开馆，展出相关图片和修复旧件数百件，旧件修复设备 16 台套，接待全省各地（市）、县有关农机、汽车行业参观团体 100 多个，参观人数达 2000 多人次，同时接待了数量相当的外省人员，展出持续两个月时间，为推动湖南省及全国农机事业发展做出了一定的贡献。

1979 年学校组织教师自行设计研制了拖拉机液压升降试验台，该设计获湖南省 1980 年科技成果奖。

1980 年，学校被国家教委确定为全国重点中专学校。

1982 年，第二届党委改选，翟雄非任书记，谢克勤、陈润根任副书记，罗觃仙、范定先、刘海斌、邹维成任委员。2 月，薛英任后勤副校长并增补为党委委员。同时，学校纪委进行换届改选，陈润根兼纪委书记。由于农机管理与机务队进行教研室共建，推动农机运用实验、油料实验和拖拉机教练教学工作取得长足进展，受到省农机局肯定。

1983 年，省农机局并入省农业厅，学校又划归省农业厅领导。受省教委委托，开办“农村机电大专师资班”和“农村职业中学师资班”，共 14 个班，486 人。这些毕业生以实际动手能力强、基础理论扎实而深受农村职业中学的欢迎。教职工自己动手，艰苦创业，在校内东北角的斜山坡上，发扬“愚公移山”精神，历经艰辛，历时 7 年建成总占地 18000 平方米，运动场地 14400 平方米正规田径运动场，它是学校体育工作发展史上的一个重要标志。

1984 年为全省各地农机校编写了《金属工艺学》《机械设计基础》《拖拉机构造原理》《农机修理》和《农机机械》5 门课程的教材，为提升湖南省农机技术人员的培训水平和发展职业技术教育做出了贡献。

1985 年 3 月，农牧渔业部在苏州举办第九期中专学校领导干部学习班。在学习班上，为了加强校际的联系、交流与协作，由湖南省、河南省、黑龙江省、北京市等 14 所农机校的领导倡议，并通过向组织报名等方式，1985 年 8 月，全国 20 个省、市、自治区共 31 所农机校的领导在北京八一农机校召开第一次会议，全国农机校联络中心自此宣告成立。湖南省农机校在全国农机校联络中心常务委员会学校中当选为主任学校。10多年来，联络中心在农业部教育司的直接领导及各省、市、自治区农机主管部门的亲切关怀下，中国农业工程学会及全国中等农校教学工作指导委员会农业工程学科组密切合作，在全体成员学校的共同努力下，本着“传递信息、交流经验、加强协作、促进改革、共同提高”的宗旨，农机校的发展取得了可喜的成绩，正如原农业部教育司李晶宜副司长多次指出的“联络中心自成立以来，对于推进农机中专的改革，做了大量的积极的、卓有成效的工作”。联络中心不断发展壮大，成员学校近百所，约占全国实施全日制教育农机中专学校总数的90%。随着我国职业教育的发展，农机中专教育发生了巨大的变革，联络中心成员学校中，近1/3的并入大学，近1/3的升格为高职，还有1/3的去向并不明晰。全国农机校联络中心现更名为全国农业工程职业技术院校联络中心（中国职业技术教育学会农村与农业职业教育专业委员会工和分会），湖南生物机电职业技术学院现为联络中心副主任学校。

1985年，学校积极调整专业设置，主动适应农村经济发展。新增设农村运输和农机安全监理、农产品加工机械专业，将原农业机械化专业调整为农业机械管理专业，将农机修造专业分设为农机制造和农机修理2个专业。同时，学校开展多层次、多形式的办学，根据农业部、国家教委等“八部一委”联合文件精神，开办“农村青年不包分配”班，直接为农业生产第一线输送技术人才。学校先后主办过农机修造、机电技术、机械修理、汽车运用工程等专业，共为农村输送200多名毕业生，这些毕业生已成为乡镇企业的技术骨干。

1986年，学校组织人员参加国家教委下达的《农村职业技术教育发展战略》课题研究，并获农业部、全国农业职业技术教育研究会一等奖。原校长刘祖毅代表学校，应邀去北京参加由国家教委、国家计委、国家经委和劳动人事部联合召开的全国职业教育工作会议。全国各行业仅有5所中专学校出席了会议。

1987年，学校确定“坚持教改，坚持双证办学，提高教学质量”的办学方针。成立了培训部，加强与北京农业工程大学合作办学（成人函授教育）工作力度。

1988年，学校由湖南省农业厅、湖南省农业机械管理局共同管理。学校被农牧渔业部授予“加强实践教学先进单位”。

1989年，学校开设“农村机电大专班”，面向全省招收高中毕业生，定学制三年，为农村培养机电技术应用人才。为加强教学管理，组建了农业工程课部、机电课部、基础课部3个教学课部。

1990年以来，学校主编、主审公开出版发行的中专教材20种，副主编、参编公开发行的中专教材27种；全省农机系统内部发行中专教材6种；为全国农业教育录制教学录像带10盒，其中由杨其铎老师主讲的《手扶拖拉机》教学录像片，在全国农机教具展评中获三等奖；同年，新增开农村机电专业。

1991年，学校在中专办学水平评估中，被国家农业部评为“A等一级学校”。新建教学楼（现名为第一教学楼）、图书馆、新校大门落成，教学用房改造与设施更新的步伐加快。学校被评为长沙市郊区“花园式单位”。

1992年，学校首次公开面向全省选调专业课教师，引进高学历（研究生学历）且教学经验丰富的教学人才。7月，机电大专12班毕业。从恢复高考后至此，历时14年的全日制大专层次学历教育暂停。

1993年，随着国家产业结构调整的加快和经济建设对人才需求的变化，学校师资力量得到有效加强，教学设施等方面也有了很大改善，办学方向由单一的满足农村人才市场要求，转向为全社会多行业培养人才，新增和改造了机械制造、公关秘书、工业企业电气化、机电技术应用、汽车运用工程5个专业。1993年，由任家兰老师为中央农业广播电视学校主讲《机械制图》课所录制的40讲教学录像片，获全国农业教育声像教学成果二等奖，并于当年9月起，在中央电视台《农业教育与科技》栏目中播出。

1994年，申请建设技能考核基地，进行汽车驾驶证、电工证、钳工证、会计证通过考核，构建了“双证融通”各专业职业技能规范培训的新平台。经湖南省交警总队审核批准，成立汽车驾驶培训中心，解决汽车专业的实习及考汽车驾驶证问题，同时在社会层面扩大了学校的影响。经湖南省劳动厅审核批准，学校决定建立职业技能鉴定所，为校内相关专业和社会各种劳动技能鉴定提供培训和发证等服务。8月，又被国家教委批准为新一轮“国家重点中专学校”；被授予省直“双文明建设先进单位”“先进基层党组织”称号；被长沙市政府授予“花园式单位”称号。

1995年，学校组织骨干教师及相关学科带头人，深入经济发展较快的沿海发达地区及内陆大中型企业，开展了广泛的专业市场调研，在此基础上又增设了数控机床加工技术和汽车制造与维修、计算机应用3个专业。经国家劳动部批准，设立国家劳动技能鉴定所。

为了全面提高办学水平和教学质量，加强教学研究及教学管理工作的开展，学校组织教研室主任参观学习兄弟学校教研教改经验、组织开展大型教学观摩课、举行教学经验交流会、召开教育研究年会、编辑教学简报、出版校刊、组织教师编写教材、撰写论文、参加省教委职教课题研究等活动；制定《教师教学工作考核办法》，《农村中专学校实践教学体系研究与建设》获湖南省首届职业教育科研成果三等奖，大大地调动了广大教师的工作积极性，同时也营造了一个良好的教育与教学研究的氛围。

第四节　改革创新（1996—2001）

1996年8月，农业部局发（教中）〔1996〕第71号文件，确定学校为农业部中南五省唯一的农业工程学科能力教育体系改革试点学校，同时，学校又被湖南省教委列为《职业教育教学模式的研究与实验》课题实验学校，试点专业为机电技术应用专业。随后在1996级学生中进行了三年制“机电技术应用”专业能力教育体系试点工作，采用教学模块式方式教学，突出了学生综合素质和动手能力的培养。另外，深化人事制度改革，推行《新进人员实行聘任合同制管理》（不含军转干部及副处以上干部），取消固定用人用工制度。

1997年，学校更名为湖南省机电工程学校，并举行了新校名揭牌庆典。学校更名是学校教育改革内在规律的必然产物，是学校发展史上一个重要的里程碑。

1997年是湖南省招生制度改革的第一年，毕业生由过去的国家统招统分，改为不包分配。为了适应改革，学校成立了招生就业办公室，制定《就业指导》教学大纲，引导学生树立正确的就业观，即“先就业，后择业”。学校采取“走出去，请进来”的办法，不断开辟新的就业途径。学校先后派出就业骨干、专业骨干教师、校领导去珠江三角洲、长江三角洲等地公司企业考察学习，建立就业基地，并与30多家大型跨国公司、合资企业建立了良好的人才供需关系，吸引公司企业的人事主管直接来校洽谈考察选拔学生。

1998年7月，全省中专教育管理年会88所学校教务校长会议在学校召开，学校被推选为新一届常务理事单位。省教委“职业素质教育实验学校现场会”在学校召开，受到省教委有关领导和与会者的一致好评。为加强专业建设，教学系统成立机制、工电与电子、汽车、经管与计算机4大专业教研室。同时成立素质教育领导小组，全方位开展素质教育，培养学生成为有崇高理想、高尚情操、健康身心的综合人才。同年又成立专业顾问委员会，聘请“机、电、管理、汽车”4大类的现场专家、教授指导教学工作。12月，学校第七届党委改选产生，由方向阳（书记）、刘享人（副书记），吴耻初、夏大鸣、曾宪章、梁勇6名同志组成。同时，校纪委改选产生，由刘享人（任书记）、孔云华、刘正辉、任家兰、杨萨兰5名同志组成。

从1998年开始，对学生全面素质教育进行探索，制定《中专学生心理素质教育实验》方案，开设心理素质教育课程或心理教育讲座，使学生的身心得到健康成长。

为适应市场需要，根据电子技术产品的普及趋势和制造业发展形势，1997年，学校开办了电子技术应用专业。1998年，又开办了模具设计与制造专业。新开专业由于紧贴市场，深受企业的欢迎。到2000年，学校开设有机械制造、机电技术应用等16个专业，面向全省及部分外省招收初、高中毕业生，学制分别为四年、三年或两年，培养目标由原来单一地为本行业培养人才，转为面向社会培养人才。

学校坚持产学研结合，注重师资队伍建设。1998年学校先后聘请湖南大学、湖南师范大学、国防科技大学的教授来校举办汽车新技术、CAD、单片机培训、数控加工等新技术培训班，使专业课教师学习和掌握新技术，专业知识得到及时更新，在校园营造了浓厚的学术气氛。1999年以后，先后选送专业课教师到世界500强企业台湾神达集团、广东顺德汉达电子有限公司塑模分厂等企业进行专业能力培训，又选送20名青年教师到湖南大学、中南大学等省内外高校攻读硕士学位。另外，学校还聘请了一批来自重点大学及大中型企业“机、电、汽车、管”专业的教授、高级工程师组成专业顾问委员会，不定期地给同学们讲学和为老师们提供教学指导。这一系列措施为学校专业开发与建设提供了技术支撑。

2000年暑假，学校组织举办农业部CBE模块式教学培训班，聘请我国农业科教最高奖——中华农业科教奖获得者、时任浙江省台州农业学校名誉校长翁迈东教授来校授课，培训CBE骨干教师30人。

1998年，在湖南省职教科研成果评比中，部分教师参与或主持的《职业高中39个专业（学科）实验实习建设标准研究》等科研项目获一等奖；《学校教学工作评价的研究与实践》《教师教学工作考核办法》荣获湖南省职教科研成果二等奖。2000年11月，省教委举办全省中专优质课竞赛，本次比赛中参加比赛的学校有800多所，参赛选手8000多名，学校在其中分别获电工类、机电类课程一等奖。

学校进行能力体系及职业素质教育的改革取得了良好成绩，得到省教育厅的肯定。时任校长方向阳多次在农业部主办的全国农业中专学校校长培训班和教育厅的有关会议上介绍经验，广西壮族自治区教委曾两次来校学习。1999年10月，学校学生参加省教委举办的湖南省中等职业学校首届学生专业技能竞赛，在全省67所普通中专学校10个项目的角逐中获机械类、电工类2个项目的冠军，充分展示了学校龙头专业的办学实力。此次竞赛，学校获得团体总分第三名及精神文明奖。1999年12月，在全省高职院校及开办高职班的重点中专学校教学研讨会上，学校介绍了高职班的办学经验及机电技术应用专业教学计划开发经验。

湖南省农业机械化学校从 1958 年 9 月建校，到 2001 年已经走过了 40 多年的历史。回顾过去，我们的前辈不畏艰难曲折，勇于拼搏创新，通过两代人艰苦卓绝的努力，用他们的勤劳和智慧将一个荆棘丛生的荒山野岭，建设成为一所绿树成荫，教学、生活设施优良的现代化学校。由建校初的一个只有 300 名学生的农机化专业发展壮大为拥有“机、电、汽、管”4 大类 21 个专业、近 3000 名在校学生的国家级重点中专学校，为国家培养大中专毕业生累计达 2 万多人。他们大多已成为湖南省农业工程技术的骨干力量或基层业务、政府部门的领导干部，为推动湖南省的经济建设发挥着重要作用。此外，学校先后为越南、朝鲜、阿尔巴尼亚等国家培训了一批优秀农机技术人员。

饮水思源，继往开来，唯有努力才会把学校建设得更加美好。

第四章　湖南生物机电职业技术学院

（新世纪的跨越式发展）（2001—2013）

迈入21世纪，我国经济社会进入了一个健康、高速、科学发展的新时期。经济要发展，科技是关键，教育应先行。国务院首先下发了《关于大力发展职业教育的决定》，教育部、财政部先后就发展职业技术教育下发了专门文件，出台了一系列支持发展职业教育的具体政策措施。高职教育得到从中央到地方的高度重视，迎来了前所未有的发展新时期。与此同时，从2003年起，中共中央、国务院制定出台了一系列推进“三农”问题解决的政策。湖南省委、省政府也制定了相应的实施意见，迈开了从农业大省向农业强省发展的大步，随后形成了“四化两型”，即新型工业化、农业现代化、农村城镇化、信息化，建设资源节约型、环境友好型社会的发展战略。在这样大好的时代背景下，作为一所涉农高职学院，湖南生物机电职业技术学院“老树逢春花更红”，抓住这一历史机遇，继承和弘扬“为时养器，器为时用”的优良传统，顺应时代趋势、领先时代发展，坚持按市场需要办学，以就业为导向，走产学研结合的道路，依托行业、对接产业、办好专业、融入企业、服务就业，加强硬（软）件建设，创新办学体制机制，改革人才培养模式，实现学院专业链、人才链与产业链的有效对接，沿着达标创优、创建省示范高职院校、进军全国一流名校的发展目标，一步一个台阶地前进，目标是与行业携手共进，实现持续、快速的科学发展。学院从成立之初的在校生不足4000人，总资产4303万元，只有9个高职专业，发展到2013年已拥有万名全日制在校学生，开设涵盖农林牧渔、制造、电子信息、财经管理、食品、艺术等9个专业大类，设立了40个高职专业。学院现在总建筑面积26万平方米，总资产3.5亿元，各类实验实训场所92个，教学仪器设备总值9052万元，校办企业5家，校企合作共建校内生产性实训基地（校中厂）6个。学院在办学过程中荣获“全国高职高专人才培养工作水平评估优秀等级学校”“国家级语言文字规范化示范校”“国家级示范职业技能鉴定所”“全国青少年农业科普示范基地”“全国教科研先讲单位”“全国十佳优秀农民创业培训基地”“全国绿化模范单位”以及“湖南省文明单位”“湖南省示范性高职学院”“湖南省职业教育先进单位”“湖南省普通高等学校就业工作先进集体”等荣誉称号，还有两项科研获国家星火计划立项。《光明日报》《湖南日报》《中国教育报》等主流媒体多次专题报道学院的办学成就和经验。到现在为止，我院已成为湖南省农口院校中办学历史最悠久、规模最大、固定资产最多、师资力量最强、涉农专业覆盖面最广、综合服务功能最全，在湖南省内首屈一指，在全国有相当影响的一流高职名校。

第一节　升格改制新起点（2001—2005）

2001 年 5 月，经湖南省人民政府批准，原湖南省长沙农业学校和湖南省机电工程学校两所国家级重点中专学校合并升格为湖南生物与机电工程职业技术学院，归湖南省农业厅主管，拥有东湖、马坡岭两个校区，胡述光同志任党委书记，方向阳同志任院长。学院设办公室、人事处、教务处、学生工作处、招生工作处等 13 个行政处室；设植物科技系、动物科技系、食品科技系、现代管理工程系、计算机信息工程系、机械及自动化系、电子电气工程系、车辆工程系和基础课部。

2002 年 6 月 8 日，学院举行“湖南生物与机电工程职业技术学院”授牌及周年庆典。

2003 年 10 月，学院隆重举行办学 100 周年庆典。全国政协副主席毛致用，全国人大常务委员会洪绂曾，中国工程院院士袁隆平和刘筠，湖南省委、省政府的领导，省农业厅、省教育厅的领导均对学院取得的成就给予了很高的评价，对学院的发展寄予厚望。同年，学院更名为“湖南生物机电职业技术学院”。

学院组建更名后，按照湖南省农业厅党组提出的“合校、合心、合力”的要求完成了人、财、物等办学资源的整合，取得了“一加一大于二”的整合效果，同时多渠道筹集资金，加强基础设施建设。

学院按照高等职业技术院校的规范进行了一系列的改章建制，建立了“党委领导，院长负责，教授治学，民主监督”的领导体制和完善的决策监督机制；建立和完善了各项规章制度；按照“科学设岗、竞聘上岗、动态管理、优胜劣汰”的原则建立和实行了全员聘用制度和竞争上岗制度，形成了人员能进能出、优胜劣汰、适应市场办学的人力资源管理机制。

从2003年起，学院建立了符合高等院校发展的院、系两级管理体制，有效调动了各方面的积极性、主动性。

2004年，学院成立后勤集团，走出了后勤社会化服务改革的第一步。

学院确立了以高职专科为主体，积极开展继续教育和科技服务。确立以农科和工科类专业为主，农、工、经、管、文科类专业协调发展的特色办学模式，明确了以职业能力为本位，突出技术应用能力培养，努力把学院建设为特色明显的职业技术学院的办学定位。

学院按照依托行业、对接产业、面向市场、服务社会，突出行业特色，兼顾其他专业的专业建设思路，主动适应市场需求，对专业进行了调整优化，形成了既突出服务行业（农业），又兼顾社会需求，也符合学院的办学实际的专业体系，主要是以农林牧渔和制造类2个专业大类为重点，带动相关专业群协调发展；园艺专业被定为省级教学改革重点示范专业，模具设计与制造、应用电子技术、电子商务、畜牧兽医4个专业被定为省级教改试点专业。

学院按照“数量足够、素质优良、结构合理、专兼结合”的原则，进一步建立健全保障机制，并切实加强对教师的指导和培养力度，加强双师型教师队伍建设。2003年，湖南省教育厅决定成立湖南高职学院成人高校人才培养工作及专业建设评估指导专家库，学校梁勇、肖君泽、白长城为专家库成员。2003年和2005年欧阳叙向、李倩兰2位同志先后被确定为湖南省普通高校青年骨干教师培养对象。

学院充分发挥校内校外实习实训基地的作用，实行理论教学与实践教学相结合。实践教学突出实际应用性，并尽量将新技术、新工艺、新标准等引入实践教学中，把重视学生技术应用能力的培养落到实处。同时积极推行“双证”制度，把职业技能培训的内容融入相应专业的教学中，使技能教学、职业能力考核与社会职业资格鉴定接轨。2004年学院被省职业技能鉴定中心评为计算机信息高新技术考试先进单位。2005年学院职业技能鉴定所被评为“湖南省职业技能鉴定所全面建设先进单位”。同年，湖南生物机电职业技术学院产学研示范场落成并正式举行了揭牌仪式。

学院发扬“为时养器，器为时用”的办学传统，把社会服务当作产学研结合的社会化办学道路的拓展路径，采取培训农民、科技下乡、科教兴村、科教扶贫、成果推广、技术示范等多种形式，主动为“三农”服务，为当地经济建设服务，以此来实现社会效益、经济效益和自身形象效益的同步提高。

从2004年起，学院与省扶贫办合作，每年举办几期农民科技骨干培训班，每期培训时间为2个月，开启了学院职业培训的新渠道，为后续大力发展继续教育与职业培训奠定了基础。

2005 年，学院校史陈列馆在东湖校区图书馆一楼落成开馆。校史陈列馆全面展示了我院办学的辉煌历程，为广大师生、校友及社会各界人士提供校史参观服务。校史陈列馆的建立不仅为我院新生入学提供了一个爱国、爱校教育基地，同时开启了我院大力挖掘校史资源，加强校园文化建设的新篇章。

学院提出了“以服务为宗旨，以就业为导向，以出口促进口”的办学就业指导思想和“充分就业，就好业”的就业工作目标，专门成立了毕业生就业（创业）工作领导小组和就业指导中心，注重学生求职意识、求职技能和社会适应能力的培养，建立了毕业生就业信息网站和服务网络，促进学生实践技能不断提高。如学生在 2004 年湖南省机械制图比赛中取得团体总分第一名的好成绩；ACCP 班在 2005 年的全国教学点考试中成绩名列前茅并由此获得了 ACCP 公司的奖励，NIT 班学生宋智民在赴印度考察学习选拔考试中取得第一名的成绩，NIT 班在团体竞赛中获第三名。

2005 年，学院被部队确认为招收士官的定点单位之一。

学院的发展，得到了领导的肯定和社会的认可。在获得了众多的荣誉与表彰的同时，主流、权威媒体对学院给予了充分的关注与报道，其中突出的有：

荣获“全国教育网络系统示范单位”“湖南省职业教育与成人教育先进单位”“湖南省体育工作评估优秀高校”“湖南省职业技能鉴定所全面建设先进单位”“湖南省第二批高技能人才培训基地”“湖南省直机关双文明先进单位”等荣誉称号。

《湖南日报》先后以《百年学府，为时养器》《办学必须围着市场转》《激情拥抱——从湖南生物机电职业技术学院看校企合作、产学研结合之路》为题，对学院作了三次长篇报道，《为时养器的百年学府》一文被选录《湖南名校名史录》。《东方新报》《三湘都市报》《萃旅游导报》等都多次以大的版面郑重宣传学院，在社会上产生了较大的反响。

2005 年 11 月，学院顺利通过了由教育部和湖南省教育厅的人才培养水平评估，被评为优秀等级学校。评估报告认为：学院办学定位准确，办学思路清晰；以专业建设为龙头，积极推进教学改革和“双证”制度的成效显著；坚持为“三农”服务，建立了校企合作，产学研结合的人才培养模式；取得了较好的社会声誉。

从此，学院发展进入一个新的阶段。

第二节 内涵建设育特色（2006—2008）

2005年年底，国务院发布了《关于大力发展职业教育的决定》。随后，长株潭城市群获批两型改革试验区；中部崛起发展战略开始实施。湖南确立由农业大省向农业强省发展和以制造业为重点的新型工业化发展目标，更赋予作为省属唯一的农业高职院校、地处省会长株潭城市群的重心的湖南生物机电职业技术学院以得天独厚的天时、地域、行业优势。学院根据《中共湖南省委湖南省人民政府关于大力发展职业教育的决定》《湖南省建设教育强省“十一五”规划》《湖南省“十一五”农业发展规划》等文件精神，确立了创建示范性高等职业院校的目标，紧紧围绕其丰富的办学内涵，在深化校企合作、彰显办学特色、拓展社会服务、扩大社会影响和发挥示范作用等方面开展了一系列卓有成效的工作。

湖南省农业厅高度重视学院的建设和发展，将学院教育事业纳入湖南省农业事业发展的整体规划，把办好学院作为省农业厅的重要工作目标之一，把学院创建示范性高职院校工作的目标作为厅里的大事来抓。为此，学院召开了专题现场办公会，会上决定成立由厅领导任正副主任、相关职能处室和厅属企业负责人为成员的“示范性高职学院项目建设指导委员会”，在政策、环境和经费等方面给予大力支持。

学院加大了职业教育重点建设项目的立项申报与建设力度。2006年生物技术（园艺）教学基地立项为“中央财政支持教学示范基地”。2007年和2008年两年的时间里，先后有12个项目获得国家级、省级职业教育重点建设项目立项。其中，园艺技术和畜牧兽医2个专业立项为省级精品专业，同时园艺技术和畜牧兽医2个教学团队被确定为省级教学团队；《家畜遗传育种》立项为国家级精品课程建设项目，《电气控制与可编程控制器》和《自动检测技术及应用》立项为省级精品程建设项目；欧阳中和、欧阳叙向、刘晓魁、刘鹤翔和肖君泽5位同志被确定为湖南省高职院校专业带头人。

学院与三一集团有限公司、株洲太子奶集团、北京资源集团、远大集团、湖南亚华种子公司、台湾合达电子有限公司等20多家企业签订校企合作协议，并组建了“三一机电班”“三一机制班”“合达机械班”“太子奶食品班”“资源食品班”“资源牧医班”“合达模具班”等校企合作班。按照企业“订单”要求来培养企业所需要的专门人才，企业则为学院提供奖学金和学生实训就业的机会。

学院采取专业教师进企业，企业专家进教室的得力举措，进一步加强“双师型”教师队伍建设，以适应社会提倡的产学研结合和培养高技能实用人才的需要。

学院刘唐兴、邓建平老师被确定为湖南省普通高校青年骨干教师培养对象；邓建平、陈红媛被确定为国内访问学者，梁勇和欧阳叙向被确定为湖南省新世纪121人才工程人选；黄中培获湖南省职业教育优秀“双师型”教师荣誉称号；电子商务教研室邓平、成志军获第二届中国电子商务大赛最佳指导教师奖；胡美娜在2008年的全国大学生英语竞赛中获得优秀组织奖；谭黎明被评聘为经学教授，填补了思政部无正高职称的空白；陈红媛被授予湖南省普通高校思想政治理论课“优秀教师”称号。教师积极开展科学研究，获全国农业职业教育教学优秀成果奖11项，其中一等奖4项、二等奖4项、三等奖3项；获省科技厅、农业厅科研成果和部、省级农业丰收奖5项；获教育厅教育教学成果三等奖2项；获省教科院组织的“青果杯”“大成杯”多媒体教育软件大赛二等奖3项、三等奖3项。院外课题立项共37个，其中省教科院教育科学“十一五”规划课题8个，省科技计划项目1个，省教育厅科学研究课题13个，省农业厅课题6个。公开刊物上发表学术论文528篇，其中核心期刊72篇；主编、参编公开出版发行的高职教材197本，其中主编42本，主审10本。

学院争取有关方面的支持，切实加强职业技能鉴定站的建设，设有国家职业技能鉴定所、农业特有工种职业技能鉴定站、国家计算机高新技术考试站、普通话测试站。

学院是湖南省模具设计师职业标准制定单位和培训考试基地、湖南省电子技术专家委员会主持单位、ISO 9000质量认证内审员培训基地。学院还是德国BCS有机保证有限公司在中国大陆唯一授权的有机农产品认证机构，根据欧盟、美国、日本的授权，可分别开展欧盟EEC NO. 2092/91、美国NOP和日本FAS的有机农产品认证。学院连续多年被评为全省职业技能鉴定工作先进单位。

学院形成了教学、科研、人才、技术、场地等优势，并充分发挥这些优势，为行业、产业、企业服务。学院是国家农业部、湖南省农业厅、人事厅、劳动和社会保障厅、商务厅、扶贫办、畜牧水产局、农机局等行业主管部门培训农业科技骨干和新型农民的基地；是亚华种业、隆平高科、正虹饲料、远大空调、三一重工、北汽福田、株洲太子奶等企业员工的人才培训和职业技能鉴定培训基地；是社会就业、再就业和农村剩余劳动力转移的培训基地；除上述这些外，更是省商务厅的外派劳务培训基地。

学院与相关厅局联合举办了科技骨干培训班、食品技术培训班、农机监理员培训班、维修电工特种作业人员师资班等。随着服务社会能力的不断提高和充分发挥，在取得良好社会效益和经济效益的同时，也扩大了学院的社会影响，学院的优质办学质量得到社会上的广泛好评。

学院始终坚持以就业为导向，将毕业生就业工作作为“一把手”工程来抓，初步建立了“学校主导、系部主体、专兼结合、兴惩并举”的毕业生就业工作运行机制。学院组织老师专家们编写了《全程就业指导》校本教材，实施了全程就业指导教育。采用“走出去、请进来”“送一家、访多家”“网点式、滚动式”的方法，积极开辟就业市场和拓宽就业渠道。大力开展校企合作，努力扩大订单培养规模，不断加大创业教育及扶持力度，积极延伸其他领域，例如部队直招士官、义务兵征集、劳务输出、基层服务、外包服务等领域，着力完善社会服务和评价体系，先后与58家名企签订了“订单培养”校企合作协议，与460多家单位建立了长期稳固的人才供需关系，校企合作单位和就业岗位数量及领域持续扩大，基本形成了以湖南为中心辐射全国，走向世界的就业服务区域格局。学院毕业生深受用人单位好评，用人单位对学院毕业生综合评价称职率为100%，优秀率在75%以上。毕业生最终就业率每年均保持在90%以上，是湖南省直招部队士官的两所定点高职院校之一。学院连续两次被评为湖南省普通高等学校毕业生就业工作先进单位。

学生的技能和综合素质显著提高，他们多次参加全国、全省多项比赛，赢得众多令人瞩目的奖项，其中比较突出的有：①在2006年的全省电子商务大赛中，学院郭尚清等11位同学，取得了1个一等奖、2个二等奖、8个优胜奖和团体总分第一名的好成绩。郭尚清同学以扎实的专业操作技能力挫群雄，为全国的高职学院争得了唯一一枚金奖，获“全国技术能手”荣誉称号；11位同学全部获得由省劳动和社会保障厅颁发的等同于技师等级的二级电子商务师证书。②在2006、2007、2008年全国大学生数学建模竞赛中，学院数学建模参赛队取得了骄人战绩：获得全国一等奖1项，二等奖3项，湖南省一等奖1项，湖南省二等奖2项。③在2007年的全国农业高职院校首届插花艺术及园林景观设计大赛中，获得了插花艺术花篮一等奖、园林景观设计一等奖、插花艺术花束二等奖、艺术插花二等奖。④在2007年的全省大学生英语口语比赛中，学院取得了专业组第一名、非专业组第三名的好成绩；⑤在2008年全国大学生英语竞赛中，易常迷同学获英语专业组二等奖；曾桂芳、刘慧芳同学均获英语专业组三等奖。⑥2008年，在湖南省首届春季职业教育技能大赛中，学院获团队总分一等奖，自动生产线安装与调试项目一等奖，并代表湖南省参加全国技能大赛荣获二等奖。

2006年，学院被评为后勤社会化改革优秀单位；获得创建湖南信用单位先进集体、湖南省大学生心理健康教育先进单位、农业厅“五四普法”先进单位等表彰。

2007 年，学院荣获“全省高职学院成人高校学籍学历电子注册工作先进单位”等荣誉；学院国家职业技能鉴定所被评为全省十佳单位。

2008 年，是学院建校 105 周年，也是学院大事、喜事连连的一年：

年初，学院选举产生了新的党委领导班子，王宇任党委书记，方向阳同志任党委副书记、院长。同期学院新闻网正式开通运行。

4 月 30 日，世界杂交水稻之父、中国工程院院士袁隆平受聘担任学院名誉院长。这是袁隆平院士担任的第一个也是当时唯一的一个高等院校的名誉院长。由院士担任名誉院长在全国高职院校中也是极少见的。此前，学院已开办“隆平高科”班，为中国杂交水稻走向世界培养可以出国服务的技术人才。在为解决粮食问题的同时，大大扩大了学院的国际影响。

7 月，由学院担任理事长单位，共有 27 个成员单位组成的湖南省第一个职业教育集团现代农业教育集团成立。集团与相关单位共建果树生产性实训基地和花卉生产性实训基地，合作举办了“梦飞培训班”，与 TCL 王牌集团、隆平高科、洞庭水殖、大北农、唐人神等的合作进一步加强，从而实现了企业、行业和学院的更紧密结合和全省农业职教的大联合。经过几年的建设和发展，集团已逐渐成为全省农业职业教育、农业职教师资培训、农村劳动力转移技能培训的“三个中心”。集团是学院充分发挥教育资源优势，服务行业和社会，提升在湖南省农业职业教育中的地位，扩大社会影响力的优质平台。

8 月，学院被评为湖南省学校心理健康教育先进单位。

9 月，通过了湖南省语言文字规范化示范校的评估。

10 月，申报全省高校标准化食堂顺利通过。

11 月，通过了普通话水平测试工作优秀评估。

12 月，为了更有针对性地加强学生基础教育和提升学生的专业素养，学院对原来的基础课部的教学职能进行了分离，新成立了思想政治理论课教学部、体育与艺术教学部和人文科学系 3 个教学机构。同时对学院的行政机构的职能也进行了进一步梳理和调整，新成立了宣传统战部、科研处等职能部门。

年底，学院党委听取院内外专家学者的宝贵意见和建议，在传承的基础上创新发展，将百年办学精髓与现代职业教育思想紧密结合，确立了“为时养器，器为时用”的办学宗旨、“务本崇实，修德精业”的校训、“爱国爱校，创业创新”的学校精神，精湛的表述使学院百余年的办学经验及深厚文化得到高度概括和内涵的进一步提升，为今后继承和发扬光荣传统，培养“生物机电人”精神，创建品牌名校打下了更坚实的基础，也赢得了社会赞誉。

学院的发展，引起了《湖南日报》、红网等权威媒体的极大关注。这些媒体对学院上述重大事件和办学经验，分别以新闻、专题的形式进行报道。

2008 年秋，学院迎来了办校史上一块最鲜亮夺目的牌匾——省级示范性高职学院，登上了步入新世纪后的又一个新台阶。

第三节 跨越发展创一流（2009—2013）

科学发展观的贯彻落实，让“以人为本”“资源、环境的可持续发展至关重要”的观念深入人心，由此对农业职业教育也提出了更多更新的要求。学院的决策者们清醒地看到了这种时代的变化，在弘扬“为时养器，器为时用”的优良传统的同时，紧紧围绕“时”字做文章，在新增专业、加强科研、改革教学内容与方法等方面努力做到“顺时而动，动在时先，领先时代”。在保持和扩大原有办学优势的基础上，学院增加了一些在全国、全省竞争力强或其他院校尚未开展的有地方特色的专业和项目，并进一步拓宽了办学和社会服务领域，打造出了自身品牌。学院“依托行业、对接产业办好专业、融入企业、服务农业”的办学路子越走越宽广，朝着全国一流的高职名校的目标大步迈进。

学院坚持通过新增专业和加快专业调整改革，使原有的专业与时俱进，适时而动，新增的专业先时而立，来达到领先于时代需求的目的。

经过细致地摸底调研，学院发现近年来随着物质生活的丰富和休闲时间的宽裕，人们对休闲越来越讲究和重视，但创意休闲的专门人才培养在国内仍是空白。于是针对休闲农庄的人才缺口问题，学院建立起观光农业专业，并且根据休闲农业的特点，设置种植、养殖、农产品加工、休闲农业创意、旅游服务管理等方面的课程。与观光农业专业情况类似的还有农业机械应用技术、电气工程技术、汽车电子技术、绿色食品生产与检验、宠物护理与美容和广告设计与制作等新增专业。

在调整、充实专业结构的同时，学院进一步加大了专业、课程的内涵性建设。从 2009 年至今，学院新增了 19 项国家级、省级职业教育重点建设项目，其中模具设计与制作专业和畜牧兽医专业被确定为中央财政支持的提升专业服务产业发展能力建设项目；园林技术、模具设计与制造被确定为省级精品专业；园艺技术、畜牧兽医 2 个专业还被确定为湖南省高等职业教育省级特色专业。另外，《网络贸易实务》被确定为教育部高职高专精品课程；《园艺植物组织培养技术》被确定为教指委精品课程；机电一体化技术专业被指定为省级重点实习实训基地：模具设计与制造、种子生产与经营和汽车检测与维修 3 个基地被确定为湖南省高等职业院校教生产性实习实训（教师认证培训）基地；湖南省现代农业职教集团被确定为湖南省高等职业教育示范性职教集团；模具设计与制造、机电一体化和园艺伐木 3 个教学团队被确定为湖南省高等职业教育省级教学团队；刘唐兴、何德肆和张秀玲 3 名教师被确定为省级专业带头人。

学院与袁隆平农业高科技股份有限公司、正大集团等企业签订了校企合作协议，整合校企双方的优质资源，实行校企深度融合，积极推动学院与企业“资源共享、优势互补”的双赢局面。

学院与长沙都市花乡合作共建园艺园林实习基地。这是全国第一批高等职业院校园艺、园林类骨干教师的培训基地。学院植物科技系正式启动了“4+1”教学模式，学生从二年级开始，每周 4 天在学院学习，1 天在实训基地进行实习，由“都市花乡”的花艺师进行专业知识的实践教学，学生的实践技能得到有效地提高。

2010 年，黎移新同志担任学院副院长。

2011 年 5 月，楚琼湘同志担任学院院长，提出了学院要“依托行业、对接产业、办好专业、融入企业、服务就业”的发展思路。学院启动了“六个一工程”建设项目，三年时间中每年投资上千万元，对 10 个专业进行重点改造，对 60 门课程进行提质建设，重点建设基础和专业实训平台 40 个。同时启动了“百位教师下企业，百位能工巧匠进课堂”的师资培养计划，让每一个专业、每一门课程都有相应软、硬件资源做支撑。该工程成为学院教育教学新一轮转型发展的标志，为学院的教学理念、教学方式、评价方式等带来根本性的变化，对保持学院在全省乃至全国同行中取得的专业设置和专业教学等方面的领先地位起到了推动作用。

学院积极争取项目与政策支持，向多方筹措资金，推进学院体育中心、实训大楼、湖南超级杂交水稻生产示范及人才培养基地等项目的建设。

从 2009 年到 2013 年 5 月，学院教师业务和实践进修达到 800 多人次，攻读硕博的人数达 40 多人次，许辉、李青阳、周旭红、黄建科、李益峰和陈晓丹 6 名同志被确定为湖南省普通高校青年骨干教师培养对象；王建湘、陈晓丹、周杰良、何德肆、彭义军和张涛 6 名同志被确定为省内访问学者；罗清、曹康、张建国、龙慧和廉良冲 5 名同志被确定为国内访问学者；李倩兰被确定为省新世纪 121 人才工程人选。2012 年

9月王少华荣获“湖南省优秀教师”称号，记二等功奖励，并受到了时任省委书记周强、原省长徐守盛的亲切接见。

科技进步的日新月异，要求高职院校培养的人才不但要熟练地掌握产品制作方面的操作技能，而且也要对行业、产业的实用科技前沿信息、先进的科学技术有相应了解和掌握。学院充分利用现有科研资源，积极开展实用科技的研究并注重其与教学和社会服务的对接融合，适应时代发展，做到动在时先，最终实现“器为时用”。

为不断提升办学内涵水平和科技创新能力，学院机构改革后设立了专门的科研处，成立了新一届学院教学指导委员会、学院学术委员会和由17名教授和博士领衔的科学研究与创新团队，实现了科研从“单打独斗”向“团体作战”的转变。

自2009年以来，学院院外科研立项课题162项，争取院外经费资助845万元，其中国家星火计划2项，全国教育科学“十一五”规划重点课题1项，省科技计划重点项目1项、省级课题49项。学院教师出版专著4本；主编或参编国家级教材7种；2011年梁勇主编的教材《汽车发动机构造与维修》被评选为国家精品教材，为国家教材的最高奖项；学院老师发表SCI、EI论文共14篇；CSSCI或CSCD论文49篇；在核心期刊、国内省级以上机关报理论版中发表论文93篇；获得各级各类奖44项，专利及成果鉴定5项。

学院科研处组队参加了“2009年中国（长沙）科技成果转化交易会”和“2009年亚欧水资源管理国际论坛”等高层次的会议，是湖南省唯一一所带成果参加这两次盛会的高职院校，这为增强学院与外界的联系提供了一个良好平台，扩大了学院的影响，有效地提升了学院的形象。

2010年5月28日，学院2项国家星火计划项目经科技部批准立项，分别是刘唐兴主持的“利用藤本植物治理湖南石漠化山区的综合技术”项目和何德肆主持的“山区中华竹鼠人工驯养繁殖技术推广与产业化”项目，这是学院首次获得此类课题。

2010年7月1日，思想政治理论课教学部谭黎明的课题获批全国教育科学“十一五”规划课题重点课题，让学院在此类课题的申报中实现了零的突破。

2012年学院重大科研项目取得历史性突破。10月学院在原名誉院长袁隆平院士的精心指导下，申报的“湖南超级杂交水稻生产示范及人才培养基地”建设项目获国家发改委批准，获中央和省财政6000万元的经费支持，在全国1200多所高职院校中，率先实现了高职院校立项建设国家发改委重大专项项目中零的突破。

2012年学院独立设置了高等职业教育研究所（以下简称“高职研究所”）。高职研究所在成立仅一年的时间里，发表了研究论文17篇，出版了50万字的《高等职业教育理论与实践》一书，成功申报《中高等职业教育衔接研究》《湖南农业职业教育与农业特色产业协同发展研究》等省级以上重点或一般科研项目 2 项。依托高职研究所，2012 年 12 月湖南省教育科学研究基地——农业高职院校特色办学研究基地通过审批，落户学院，时任院长楚琼湘研究员是研究基地的首席专家。这是学院自成立以来首个申报成功的省级科研平台。

在深入调研的基础上，学院形成了《湖南农技人才现状及农业职业院校办学困境的调研报告》，提出了面向农村免费对口培养农业高技能人才的政策建议，引起了省人大、省政府、省政协和相关部门的高度重视。2011 年，省教育厅把这个项目列为湖南省教育体制改革试点项目的重点科研课题，并批复同意学院进行免费对口培养农业高技能人才单独招生试点。当年首批招收了种子生产与经营、畜牧兽医两个专业的免费培养学生共 118 人，首开了湖南省普通高等职业学院免费培养农业高技能人才的先河。

石漠化被称为“地球的癌症”。为解决这一难题，学院提出利用藤本植物治理石漠化的构想，得到省发改委和国家发改委的立项支持，随后学院成立了藤本植物研究所，开辟了藤本植物种质资源圃，建起有各具功能的组培楼、智能温室、植物快速繁殖系统等。藤本植物种质资源圃始建于 2010 年，占地面积 50 亩，收集保存了藤本植物 300 余种，是目前全国收集藤本植物种类最多，集藤本植物种质资源保存、科学研究、开发利用、科普教育、教学实习、对外交流、生态观光于一体的综合性藤本植物种质资源圃。2011 年年底将藤本植物研究成果应用到省发改委确立的国家沙漠化综合治理重点县桑植县郭家台村治理沙漠化项目，指导当地完成了 25 万株藤本植物苗土的移栽或扦插。这一国内首创，为医治大地母亲沙石化的不治之症提供了一剂良方。2012 年 8 月，《中国教育报》二版头条新闻报道：《湖南生物机电职院利用藤本植物治理湘西石漠化，高职师生协力攻克“地球癌症”》。教育部等网站对全文进行了转载。12 月，“亚热带地区藤本植物研究与应用”获湖南省科技计划重点项目立项。

2012 年，由教育部中国教师发展基金会、国家教师科研基金管理办公室、中国职业技术教育杂志社联合举办的“全国教育科研先进单位和先进个人表彰大会”在北京举行，学院荣获“全国教科研先进单位”的荣誉，另有 4 名优秀教师被评选为全国科研优秀教师。时任学院党委书记王宇被评为全国高职高专院校支持科研工作的校长、书记。

学院通过开设道德教育课程，开展校史校训和学院精神教育，开展党团、社团活动、心理咨询等多种方式，以党建促群团带团建，对学生进行生动、活泼、有效的思想道德教育，提高学生的综合素质。

5 月 14 日，学院“修业讲坛”揭牌暨开讲仪式举行，中国工程院院士、湖南省原政协副主席、学院原名誉院长袁隆平出席仪式并担任首场主讲嘉宾。12 月，《百年辉煌——湖南生物机电职业技术学院简史》由湖南文艺出版社出版。

2009 年学院女子高炮营参加湖南省庆祝新中国成立 60 周年军事技能比武并取得第一名。12 月，学院党建工作通过了省教育厅和省教育工委专家的考察和评估。

2010 年由时任党委书记王宇主持的《百年修业》申报湖南省普通高校校园文化精品建设项目立项通过。该课题已于 2013 年 4 月通过省教育厅专家评估验收，获得专家们的一致肯定和赞许。11 月，学院荣获首届“三湘读书月”活动“书香校园”荣誉称号。

2011 年时任学院团委荣获“湖南省五四红旗团委”称号。刘利、胡时均两名同学获“中国大学生自强之星”提名奖。

2012 年院长楚琼湘主持《校园文化建设“五个一”工程》课题获得湖南省普通高校校园文化精品建设项目立项。学院《湖南生物机电职业技术学院党建工作模式创新》被评为全省高校“党建工作创新奖”。4 月学院阳鹏同学获“省直十大优秀团员标兵”称号，受到时任省委书记周强的接见。刘宗超等 9 位师生被评为“省直优秀共青团干部”，张健等 11 位师生被评为“省直优秀共青团员”。

人才培养模式，专业和课程建设上的改革创新，为学院带来了办学质量、水平和效益的大幅提升。学生综合素质进一步提高，个性发展和特长有了更好地展现，在各项比赛中为学院争得了荣誉。在全国级比赛中获得的荣誉有：

在国家农业部、教育部主办的全国职业院校 2010 技能大赛农业技能大赛中，学院派出 13 名选手参加种子质量检测、动物外科手术、艺术插花、农机具修理 4 个项目的比赛，全部获奖，其中一等奖 2 个，二等奖 2 个，三等奖 1 个；

2011 年由教育部举办的全国职业院校学生技能作品展洽会，学院选送 11 件学生技能作品参展，获一等奖 1 个、二等奖 3 个、三等奖 2 个、优秀奖 5 个；

2012 年的全国职业院校技能大赛农业技能大赛中，学院包揽湖南选拔赛高职组 3 个项目一等奖。派出 8 名选手所负责的 4 个项目参加在江苏农林职业技术学院举行的全国竞赛，获得二等奖 1 个、三等奖 2 个；

2013 年参加全国职业院校技能大赛非农业类技能大赛，派出 12 名选手代表湖南省参加 6 个项目的比赛，获得二等奖 1 个，三等奖 3 个。

2012 年 5 月 10 日，学院与省畜牧研究所合作创建了大学生创业孵化园，这是全省第一个校园内的大学生创业园。该园利用院、所双方的优势资源，以研究项目与成果为依托，对大学生给予创业指导，并从政策、场地、资金等方面给予扶持。

2012年5月18日，学院召开了第一次校友代表大会暨校友会成立大会，推介校友成功创业典型是大会的内容之一，为学生提供创业经验，以增强创业信心。

学院毕业生中已涌现出一大批创业典型。他们中比较突出的有：2013年央视新闻频道《面对面》栏目专题报道的曹志远，2001年进入学院就读，毕业后自己创业，现年盈利过千万元，被湖南省委原书记徐守盛称为“大学生创业的好典型”；2013年《中国青年报》《湖南日报》在显著位置专题报道的陈兵，2006年毕业于园艺专业，先在广州打工从事花卉生产销售，一年后回家乡创业成立花卉公司，被当地群众称赞为“读书回来开地种花，还带领我们一起致富的好娃”；2009年央视《人与社会》专题报道过其创业事迹的曾勇，毕业于农机修理专业，2001年创立水晶坊珠宝商贸有限公司，2004年注册湖南金玉堂珠宝有限公司成为其法人代表，获得当年中国创业项目金奖，2006年获得团中央颁发的“创业青年奖”，2008年创办水晶坊电脑公司、服饰公司、农业公司，并成立水晶坊创业集团，2009年在北京大学进行第500场创业演讲，2010年投资建成湖南最大的宝玉石加工基地——湖南金玉堂珠宝工艺礼品厂；还有2008年从机制专业毕业的李振江，当年召集13个校友、朋友开始创业，成立长沙中崛供水设备公司，半年挣足100万元，两年资产上千万元，25岁就给一起创业的伙伴们买了汽车，事迹载入《青年人创业杂志》。

学院人才培训服务从立足湖南走向全国、全球。自2008年至2013年，“农业部现代农业技术培训基地”“农业部管理干部学院湖南培训基地”“湖南省现代农业技术培训中心”和“湖南省外派劳务培训基地”先后在学校挂牌成立。“学院模具设计与制造实训基地”被确定为湖南省企业高技能人才培训基地。学院分别与国家农业部、省农业厅、省扶贫办、省畜牧局、省农机局合作，开办“阳光工程”农民创业培训、农村科技骨干培训、农业新技术培训、渔业执法培训。草食动物品改培训、拖拉机手培训等培训班，累计培训各类农村实用技术人才12万多人。

学院还与隆平高科联手打造农业国际化实用人才培养基地，合作开展农业国际化实用人才培养，为我国20个援非农业技术示范中心培养和储备人才，第一批学员已分别赴东帝汶、利比里亚、菲律宾执行国家援外任务。

2011年4月14日，学院与美国S. T. A. R公司就共同培训学生和自动变速箱维修的专业技术人员签署合作备忘录。

学院鼓励和组织教师深入农村，深入田间，实地了解农民的所需、所盼。在调查研究的基础上积极开展“三个一”工程，即每位教师都要主持一个项目，挂靠一个企业，服务一个地方。在农民和企业家眼中，学院的老师们既是教授、顾问，又是技术培训师、生产指导员。这些利用技术和科研成果为社会服务的工作由教师的个别服务向整体示范延伸，从一户户的零散式向连户连片、区域产业的规模化拓展。

学院的发展蒸蒸日上，各项荣誉接踵而至，不但在技术职能鉴定、毕业生就业工作等方面连年获得省级“先进单位”“十佳单位”荣誉，而且还在一些新的领域和更高层次上获得了殊荣。其中较突出的还有：

2009 年，参加湖南省教育科学规划课题管理先进单位评选，被评为先进单位。

2010 年，学院荣获农业部“十佳农民创业培训基地”的荣誉；12 月 31 日学院荣获“湖南省文明高校”荣誉称号，时任党委书记王宇荣获“文明创建先进个人”称号。

2011 年，学院党政办获得全省教育系统 2011 年办公室工作优质服务竞赛一等奖；学院普通话测试站被评为全省优秀测试站；11 月获得教育部科学技术司资产清查教育系统先进集体表彰，农业部团中央全国青少年农业科普示范基地落户学院；12 月被评为湖南省普通高等学校体育工作评估优秀等级。

2012 年学院被教育部确定为第一批教育信息化试点单位。

2013 年 4 月学院相继荣获“全国绿化模范单位”“湖南省文明单位”等重大荣誉称号。“全国绿化模范单位”是全国绿化委员会对在绿化国土、改善生态事业中做出突出成绩的单位授予的国家级荣誉称号，是绿化工作的最高荣誉；“湖南省文明单位”的荣誉称号，是省委省政府对学院工作尤其是文明创建工作的充分肯定，是学院各年来不断巩固和发展文明创建工作的成果。这 2 项荣誉的获得都是学院办学进程中和发展历史上具有里程碑意义的重大事件，标志着学院精神文明建设进入了一个新的阶段。

《光明日报》先后在头版“来自基层的声音”栏目中刊登了时任学院党委书记王宇对创新农业人才培养理念的专访；在 2012 年 11 月 16 日正值中国共产党第十八次全国代表大会在京胜利闭幕之际，《光明日报》以《承百年传统　开名校新篇——湖南生物机电职业技术学院的转型之道》为题，对学院进行了全方位深度报道；《中国教育报》以《百年职教学府的转型之道——湖南生物机电职业技术学院改革发展纪实》为题，对学院成功转型的内容及经验进行了宣传报道。

《湖南日报》《湖南教育》杂志、中国日报网、人民网、湖南省政府门户网、搜狐网等媒体都多次对学院进行了重点报道。

权威媒体的重点报道，体现了社会对学院这些年取得显著成绩的充分肯定。时代在前进，社会在发展，作为百年名校的学院肩负着领导和民众更大的期盼。2012 年 10 月 11 日，时任中共湖南省委副书记梅克保率省直相关部门负责人专程来到学院调研。梅克保和相关厅局领导高度评价了学院在百年办学过程中为湖南农业发展做出的贡献，对学院的办学成绩给予了肯定。梅克保还对学院提出了“要充分发挥自身优势，明确办学思路，始终坚持质量立校、特色兴校、改革强校、开放办校，努力为全省加快推进农业现代化提供更多人才智力支撑，全力服务‘三农’发展”的殷切希望。12 月 7 日，湖南省农业职业教育行业指导委员会在学院成立并召开了第一次会议，30 多名行业专家受聘为委员，时任省农业厅党组书记、厅长、办学指导委员会主任田家贵出席会议。这标志着学院的职业教育将在专家指导和主管部门的大力支持下，步入更好更快的发展新征途。

2012 年，梁勇任学院党委副书记、副院长，谈再红、刘晓魁、傅爱斌任学院副院长，胡季晖、王生明任学院副院级督导员。学院对原有行政编制和行政职能进行了重新架构和梳理，新成立了实训管理处、对外合作交流处、规划建设处、校友会秘书处、高职研究所、藤本植物研究所等职能机构，学院上下“团结一心干事业，齐心协力谋发展”的良好局面已经形成。

学院科学发展的蓝图已经绘就。已处全省农业职教排头兵地位的湖南生物机电职业技术学院，正乘长风破万里浪，承前启后，继往开来，继续坚持“为时养器，器为时用”的百年职教办学宗旨，牢固树立“科学发展、人才兴校、特色立校、质量强校”的办学理念，始终坚持为“三农”服务，为行业企业服务，为区域经济和社会发展服务的办学方向，再登新的台阶，创造新的辉煌。

第五章　湖南生物机电职业技术学院

（新时代的高质量发展）（2013—2023）

党的十八大以来，以习近平同志为核心的党中央高度重视职业教育发展。十八大报告提出“加快发展现代职业教育”，十九大报告强调“完善职业教育和培训体系，深化产教融合、校企合作”，党的二十大报告部署“统筹职业教育、高等教育、继续教育协同创新，推进职普融通、产教融合、科教融汇”。国家《关于加快发展现代职业教育的决定》《国家职业教育改革实施方案》《关于推动现代职业教育高质量发展的意见》等一系列关于职业教育发展的政策文件相继发布，职业教育前景广阔、大有可为。

这十年，学校强化内涵式发展，确定了“依托行业、对接产业、办好专业、融入企业、服务就业”的发展思路和“质量立校、人才兴校、特色强校、创新活校、开放办校”的办学方针，培植了务“三农”之本、务“育人”之本、务“做人”之本的育人理念。全面深化“三全育人”综合改革，打造“三全+五育”融通的育人体系，创造了“三纵三横”的文化育人模式，推进了加强专业、课程、教材、教师、实训基地和实训设备建设的“六个一”内涵提升工程，构建了与现代农业六大产业体系深度对接的特色专业群，其中：种子生产与经营专业群入选国家级高水平专业群，畜牧兽医专业群、现代农业装备应用技术专业群入选省级高水平专业群；校企共建精品在线开放课程300多门，其中省级以上课程8门；主参编著作与教材40余种，建设了一支拥有教授45名（二级教授3名、湖南省新世纪121人才工程人选3名），副教授200名的优秀师资队伍，省级专业教学团队8个，“双师型”教师占教师队伍的90%以上；采取“学校+集团+联盟”的模式，建设了湖南超级杂交水稻生产示范与人才培养基地、湖南省肉用山羊性能测定检测中心、藤本植物良种繁育基地等一批引领产业发展的示范基地，与隆平高科、正大集团等170家企业建立实训基地合作关系；建设校内实训基地，动植物标本室等实训室规模达省内高职院校领先水平。服务国家“一带一路”倡议，设立“一带一路”人才培养学院，选派教师学生双向交流，对津巴布韦、东帝汶等国家开展技术援助，开创了国际交流合作新局面。

这十年，学校坚守“为党育人、为国育才”的初心使命，秉承“为时养器，器为时用”的办学宗旨，历练“务本崇实，修德精业”的校训，加强顶层设计，科学谋划布局，在2008年获湖南省示范性高职学院的基础上，于2016年再次获得湖南省高职院校最高称号——湖南省卓越高职院校。2019年成为中国特色高水平高职学校和专业建设计划（简称“双高计划”）单位，跻身高职国家队，2020年获得全国乡村振兴人才培养优质校、全国新型职业农民培育示范基地等荣誉，2022年再次获得湖南省高职学校的最高称号，后获批湖南省“楚怡”高水平学校建设单位。

这十年，学校从条件建设、内涵发展、特色创新到全面高质量发展，走出了一条健康发展之路，人才培养质量不断提高，科技创新能力不断提升，社会服务贡献更加突出，文化传播力、社会影响力不断显现。站在新的历史起点，学校将满怀信心朝着更高目标昂首向前。

第一节　强内涵创卓越　再获湖南高职崇高荣誉（2013—2016）

2013年，党的十八届三中全会召开，“加快现代职业教育体系建设”写入《中共中央关于全面深化改革若干重大问题的决定》，标志着中国特色现代职业教育体系进入加快建设阶段。2014年，国务院召开第三次全国职业教育工作会议，习近平总书记就加快发展职业教育作出重要指示，强调要努力建设中国特色职业教育体系。学校认真贯彻落实国务院和省委省政府关于加快发展现代职业教育的决定，为办好人民满意的高职教育，科学制定学校“十三五”发展规划，走以提高质量为核心的内涵式发展道路，加快现代职业教育体系建设。

学校持续推进“六个一”内涵提升工程。在2014年新修订的《“六个一”内涵提升工程建设管理办法和评价体系》中，分别成立了卓越院校、特色专业、示范性职教集团建设组，同时强化了科研能力、教学质量、师资队伍、社会服务和品牌建设。2016年学校获湖南省卓越高职院校立项支持，走上了培育优质高职人才的道路。

实施学生教育管理“六个一”工程建设。通过打造富有特色的大学生思想政治教育教学品牌，扎实推进大学生思想道德素质提升工程，打造道德实践基地，加强创业教育和创业实践交流，健全完善奖励资助体系，强化宿舍管理，开展校园文化活动，及时预警干预学生心理健康工作等方式加强学生的教育管理。2013 年学校荣获湖南省普通高等院校心理健康教育先进单位；2014 年 5 个项目获得湖南省大学生素质提升工程省级立项；2015 年获湖南省高校学生思想政治教育研究与实践先进单位；2016 年获“湖南省高校学生思想政治教育研究与实践先进单位”“全国大学生志愿者暑期‘三下乡’社会实践活动先进单位”等荣誉称号。

以优化专业布局，加强重点专业群建设和以专业群共享平台为基础的课程建设改革为双依托要素，推进专业和课程建设的内涵提升。2013 年重点建设园林技术、数控技术等 6 个专业，新增航空服务、工业机器人技术、汽车制造与装备技术 3 个新专业；建设了 37 门精品资源课程，启动合格课程建设，开发验收校本教材 38 种。2014 年立项建设 6 个专业、37 门精品资源共享课程，重点加强 5 个基础实训平台、5 个专业实训平台建设，重点开发 19 种“做中学，做中教”的学用式校本教材，建设 4 个大师工作室。2015 年加强现代种植业、现代畜牧产业、农业装备、农业贸易 4 大专业群建设，立项建设 20 门课程，建设完善 5 个基础实训平台、5 个专业实训平台，全面实施实验实训场地“6S”管理模式，提升实践教学内涵建设。2016 年启动 5 个专业群和 3 门核心共享课程建设，修订课程教学标准，每个专业群根据各自特征制定自己的专业技能实践课程标准，新增专业 3 个，撤销专业 3 个。不断加强 5 个专业实训平台、5 个基础实训平台建设。2014 年获全国职业教育先进单位；2015 年学校获省教育厅职业技能竞赛优秀赛点荣誉；2016 年学校荣获“全省毕业生就业创业工作先进单位”等荣誉称号。

通过推进“双师型”教师、骨干教师、专业带头人、教学名师认定评选，教学督导考核，人才引进等方式加强教师队伍建设，同时广泛开展信息化教学、说专业、ISAS 等比赛活动，教师进企业培训、研修、接受继续教育，推行教学检查、教学督导巡查、教学信息反馈制度。2013 年，刘唐兴荣获省科技进步一等奖，邓灶福、杨培刚、刘唐兴 3 位同志均获得“全国农业职业教育教学名师”光荣称号。2014 年，谢红越、向晓、张秀玲等教师的名师课堂立项。2016 年，学校 14 人入选省职业院校教学工作诊断与改进专家，2 人入选青年骨干教师培养对象，2 人获省第四届黄炎培职业教育奖。

深化科研改革，依托“湖南省教育科学研究基地”平台，深入推动了多项“十二五”规划课题研究，通过组建科研团队和技术推广团队加强科研能力和科研水平建设，科研项目数量和质量不断有新提高。

2013 年完成校外科研立项项目 43 项，94 项课题开题论证，30 项课题通过年度评估，30 项课题完成结项验收。2014 年共取得省级科技鉴定成果 8 项，争取了科研课题 45 项，取得 3 项厅级以上重点项目，申请国家发明专利 3 项，出版专著 3 本，37 项课题开题论证，53 项科研课题结题验收，完成 2 个省级重点项目（园艺技术特色专业、模具生产性实习实训基地）验收，种子生产与经营示范性特色专业培育项目成功通过论证评审，肉用黑山羊项目申报成功。2015 年校外科学研究项目立项 40 项，校内外开题论证、年度评估、结题验收等项目 82 项，14 项发明专利申请被受理，1 项发明专利获得国家知识产权局授权。2016 年校外课题成功立项 43 项，其中，立项国家星火计划 2 项、全国教育科学“十三五”规划教育部重点课题 1 项、省科技厅重点研发计划 2 项、省哲学社会科学规划基金 2 项、省教育厅科研项目 11 项。科研成果逐渐在实践中落地，为学校职业教育的发展提供有力支撑。

促进科研成果转化。2013 年藤本植物研究项目获国家专利 2 项。2014 年佘俭敏领衔的《湖南省农技人才队伍现状及农业职业院校办学困境调研报告》获第三届湖南省教育科学研究优秀成果一等奖，吴易雄等老师的成果参加湖南省教育教学改革发展优秀成果奖评选，获一等奖 2 项、二等奖 2 项、三等奖 6 项。

2015 年学校获省教育科学研究工作者协会先进单位称号；2016 年学校获科教联合基金申报资格。

学校努力构建产教融合、校企合作的双主体育人机制，邀请行指委、企业领导来校举办专题讲座，推动学校领导、师生深入行业企业，了解行业企业在人才技术方面的需求。2014 年学校对外合作交流处被评为全国职业教育先进单位。2016 年积极与菲律宾吕宋大学专家、埃塞俄比亚农业职教代表团等开展学术交流，学校最终获得外国专家来华工作资格许可。

2013 年新增深层次校企合作企业 14 家，新增校外实训就业基地 18 个，新增订单培养班 4 个共 112 人，确定 3 所中职学校为中高职衔接发展合作学校；2014 年完成常德贺家山国家级原种场、湖南优质果茶良种繁育场等产学合作基地建设，与 2 所学校签订了中高职衔接的合作意向协议书，校企合作编写《农业应用技术手册丛书》，新增合作企业与单位共 18 家，学校与 13 家合作单位签订书面协议；2015 年学校与中联重机、泰谷生物科技、正虹科技、海南龙泉等企业进行了深度合作，与武冈、沅陵县正式签订了校县合作协议，新增校企合作基地 8 家、县校合作模式 2~3 种，学校联合中联重科牵头成立中国现代农业装备职教集团，开启了国家级职业教育集团化办学新篇章；2016 年新增 7 家深度合作企业、3 个战略合作县（市），校企 2 项合作研究项目获省科技厅重点研发项目立项，1 项合作科研成果申报实用新型专利被受理。

学校围绕区域协调发展战略、打赢脱贫攻坚战、全面推进乡村振兴、湖南农业强省等政策，积极推进“校县联姻、系乡对接、走村串企、扎寨交友”的智力成果转化与推广，探索服务“三农”工作新模式，不断提升服务社会能力，并取得了一定的成果。

学校积极承担新型职业农民培育等培训项目，培训范围涉及农业技术、技能培训、师资培养、成人教育管理干部等多个方面，先后被评为“农业部现代农业培训基地”“农业部管理干部学院湖南培训基地”“全国十佳农民创业培训基地”等。2014 年，国内第一部农民教育培训管理专著《农民教育培训管理研究》在学校诞生，由学校吴易雄研究员编写，湖南省教育厅党组成员、纪工委书记周德义先生作序。2015 年 11 月 29 日，《中共中央国务院关于打赢脱贫攻坚战的决定》发布，学校作为农业特色院校积极贡献自己的力量，组织多形式的脱贫攻坚实践活动。2016 年，学校荣获国家农业部首批“全国新型职业农民培育示范基地”荣誉称号，也是湖南省唯一获此国家级荣誉的高校。

2014 年学校与 4 个县签订了战略合作协议；学校继续教育学院完成各类培训共 35 期，培训人数达 7073 人次；学校相继成立有关研究团队，深入长沙、宁乡、临澧、茶陵、沅陵、双峰、攸县等地，为企业、基层授课 30 余次，提供技术服务 100 余次，直接服务地方特色产业。

2016 年新增 7 家深度合作企业、3 个战略合作县（市）；59 人入围湖南省万名科技人员服务现代农业工程专家库。指导湖南有个味食品公司等企业有关铜鹅养殖基地的建设和生产技术，将铜鹅产蛋率提高到 20% 以上；指导武冈香香嘴公司等企业解决高温蒸煮杀菌不彻底问题，卤菜原质保鲜期由 14 天提高到 90 天以上。培训人数达 9239 人次。

在此期间，学校不断完善内部管理，加强规章制度建设。2014 年制定了校领导班子整改落实方案，在学校建设等 7 个方面制定了 50 项整改措施，2015 年学校《章程》经省教育厅核准正式对外发布。2014—2016 年，共制（修）订学校各类规章制度 60 余个，办学制度进一步完善。

学校自 2012 年 11 月被教育部确定为第一批全国教育信息化试点单位（湖南省高职院校仅 6 所学校获此殊荣），大力推进“智慧校园”项目建设，积极建设职业教育专业教学资源库、精品在线课程、虚拟仿真实训基地等重点项目并取得了较好成绩。

2015 年，“教育部教育信息化试点单位”项目顺利通过验收，10 门省“新型职业农民微课程”立项。在全省首届微课竞赛中，获个人二等奖 2 个、三等奖 4 个。完成了 77 万元文献信息资源建设任务，开通了 9 个专业数字图书馆、7 个课程资源中心，新增 9 个试用数据库资源。2016 年，学校 4 人获省信息化教学大赛三等奖，1 人获全国第三届农业院校信息化教学设计大赛三等奖，圆满完成全国职业院校骨干教师“网络空间人人通”的专项培训任务。

学校以弘扬和培育社会主义核心价值观与学校的“修业文化”“隆平精神”“和·实”理念为重点，打造校园文化。2013 年全面启动校园文化建设“五个一”工程，召开学校第六届思政研讨会，谱写和传唱校歌，重新设计校徽，整理出版校史，更新校史馆版面，修改学校精神，构建了以“和·实”为文化主线的学校理念文化体系；2014 年系统规范设计和推动了“和·实”品牌文化建设，完成了《学校校园文化“五个一”工程建设实施方案》，出台《学校关于规范和统一学校视觉形象识别系统的通知》；2015 年省级校园文化项目《校园文化“五个一”工程》结题，获省教育工委和省教育厅优秀表彰；2016 年打造学生喜闻乐见的校园第二课堂活动，扎实开展志愿服务、“三下乡”、无偿献血等社会实践活动。湖南卫视、《湖南日报》《长沙晚报》、湖南教育电视台、《年轻人》杂志等主流媒体多次宣传报道学校校园文化建设。

“修业讲坛”为学校文化品牌，创建于 2009 年 5 月，截至 2016 年，累计开办各类讲座 70 余次，参与学习的师生达 2 万余人次，2013 年获湖南省普通高等学校校园文化建设优秀成果三等奖和“湖南省优秀学习载体”荣誉称号。同时，学校主持的《校园文化“五个一”工程》校园文化精品建设项目、《高职院校弘扬雷锋精神的实践研究——“雷锋之家”思想政治教育基地建设》大学生思想政治教育特色建设项目、“浓农心晴”特色成长辅导室建设项目顺利通过验收。人文科学系学生党支部 2014 年获评“十佳学习创业先锋”，植物科技系在“魅力园林”校园精品活动中获评“十佳学习载体”。

第二节　提质量创特色　首次跻身高职国家队（2017—2021）

2017 年党的十九大胜利召开，我国进入全面建设小康社会的决胜阶段，十九大报告提出“深化教育改革，加快教育现代化”“深化产教融合、校企合作”“办好继续教育”等方针，为新时代的职业教育体系建设指明了新的方向。

年中，学校选举产生了第二届党委，刘启华任党委书记，史明清任学校党委副书记、校长，谈再红、傅爱斌、刘晓魁、黄全胜、廖哲信任学校党委委员、副校长，谢仲桂任学校党委委员、纪委书记，周宏久、林继华任学校党委委员。学校坚持以习近平新时代中国特色社会主义思想为指导，全面贯彻党的十九大精神，在脱贫攻坚、乡村振兴战略中找准定位和切入点，发挥自身办学和人才优势，服务“三农”，凸显了自身特色。2019 年成功入选国家“双高计划”高水平专业群建设学校，2020 年学校牵头组建的湖南现代农业职教集团入选全国首批示范性职教集团，2021 年学校被评选为全国乡村振兴人才培养优质校。在国家政策的引领下，学校实现了跨越式的发展。

2018 年 6 月，省教育厅、省扶贫办联合下发《湖南省高等院校服务脱贫攻坚的指导意见》，推进高校服务脱贫攻坚工作。学校积极投身于脱贫攻坚主战场，全面深入推进精准扶贫工作。

2017 年，学校实施服务脱贫攻坚“个十百千万”工程，即遴选 50 名教师参与省“万名工程”工作，举办各类培训班 40 期、培训人数 7317 人，成人教育招生 800 多人，获湖南省“情牵脱贫攻坚”主题实践活动优秀组织高校。

2018 年，选派一批省、市、县（区）科技特派员和“三区”科技人才，另选派 2 人挂职科技副县长（援疆支教），在全省高等院校服务脱贫攻坚推进会、全国职业教育服务乡村振兴专题研讨会上作典型（主题）发言，服务新农村建设案例入选《中国高等职业教育质量年度报告（2018）》。本次支教培训人数 7804 人，其中贫困村创业致富带头人培训 3867 人，贫困村创业致富带头人培训人数居全省之首，获省级“专业技术人员继续教育基地”资质。2018 年 12 月 21 日，学校报送的《“休闲农业服务团队”描绘美丽乡村生态愿景》入选 2018 年首届中国社会创新与乡村振兴论坛典型工作案例并在清华园精彩亮相。

2019 年牵头组建 4 个省“万名工程”专家服务团，对口技术服务现代农业重点示范区 21 个、产业园 11 个、生产经营主体 328 个和扶贫点 126 个，技术服务及培训 2 万多人次。培训省内外新型职业农民、农业部门管理人员等 5488 人次，组织 4 批次共 20 多人次赴花垣县谷坡村开展物资捐赠等对口帮扶活动。入选全国职业院校精准扶贫典型案例 2 个。

2020 年，牵头组建 2 个省“科技专家服务团队”，14 名教师入选省 2019—2020 年“三区”人才，开展职业技能培训 39 期，培训基层农机人员、农村实用人才带头人等6200多人次，学校培训学院李忠国同志获“全国脱贫攻坚先进个人”“全国脱贫攻坚奋进奖”“湖南省劳动模范”等荣誉称号，学校2位杰出校友郭正强、郭华满荣获“全国脱贫攻坚先进个人”荣誉称号。

学校服务脱贫攻坚工作经验及成效得到时任省委副书记乌兰同志多次点名表扬，被湖南卫视、《湖南日报》等省内主流媒报道。

学校在服务脱贫攻坚和乡村振兴的过程中，始终坚持科技创新服务，推进创新成果的合理转化。2017年，获发明专利授权3项、实用新型专利授权51项、软件著作权授权9项。2018年获发明专利授权4项、实用新型专利授权42项、软件著作权授权15项。2019年立项建设校外纵横向课题63项、校级课题38项，外观设计、实用新型专利和软件著作权授权66项。2020年成立科学技术协会和“一校四中心”，立项校外纵横向课题71项、授权发明专利11项、外观设计专利23项、实用新型专利47项、软件著作权15项。2021年立项校外纵横向课题67项，各项科研经费共260余万元，授权发明专利7项、外观设计专利授权29项、实用新型专利授权37项，1项专利被评为湖南省第七届优秀专利。成立“武陵山片区粮油生产服务团”等10个专家服务团，开发注册农产品电商网站、“湘微农职”微信公众号等服务农业产业网络平台，遴选36名科技特派员，助力农业特色产业和乡村振兴发展。培训基层农技人员等4400多人次，乡村振兴创业致富带头人培训的数量和质量稳居全省之首。有1320余人在“走出去”湘企就业，为“走出去”湘企培训员工数766人、提供技术支持数18个。

学校健全专业动态调整机制，优化专业结构，加强课程建设，提升师资队伍，加强专业群建设总体水平，努力形成“对接产业、错位发展、优势互补”的专业布局，专业特色优势更加突显。

2017年，推进5大专业群和核心课程建设，新增和撤销专业各1个，制定一批专业技能实践课标准，对2门公共基础课和9门专业基础课开展教考分离试点，1门课程申报国家精品在线开放课程通过省教育厅评审。

2018年，现代种植、现代畜牧、智能农业装备入围省“高职教育一流特色专业群”项目。大力支持10个涉农专业招生，着力构建“招生—培养—就业”良性互动机制。湖南卫视等主流媒体报道学校共63次。

2019年，重构7个特色专业群，新增专业2个，修订专业人才培养方案41个。成功入选教育部首批、第二批“1+X”证书制度试点学校，完成41个专业技能抽查标准制修订和题库建设。成为湖南省11所“双高计划（中国特色高水平高职学校和专业建设计划）”建设院校之一，学校跻身全国高职院校高质量发展第一方阵，步入高质量发展“快车道”。

2020 年，入选湖南省“三全育人”综合改革试点校，湖南现代农业职教集团入选全国首批示范性职教集团。

2021 年，41 个专业人才培养方案通过省教育厅评估或合格性评价。机械制造及自动化、汽车修理与检测技术 2 个专业入围教育部中德先进职业教育合作项目，3 个专业现代学徒制试点项目通过教育部验收。

学校休闲农业经营与管理专业就是专业动态调整的成功案例之一。党的十九大首次提出乡村振兴战略后，休闲农业经营与管理专业紧紧围绕乡村振兴实行开门办学，编写全国首套休闲农业经营与管理教材，组建全国首个休闲农业经营与管理教授服务团，并创造性地提出“三互二合一并重”的休闲农业经营与管理人才培养模式。休闲农业经营与管理专业开办以来，对口就业率达 95% 以上；培训休闲农庄主 700 多人、休闲农业产业新型职业农民 19600 多人次。2014 年，休闲农业经营与管理专业立项为省级特色专业；2016 年，学校承办由农业部、教育部主办的全国首届“休闲农业人才培养与产业发展研讨会”，《湖南日报》、湖南卫视、湖南教育电视台、红网等多家媒体对这一特色专业进行了报道。

2017 年，新增学生顶岗实习基地 6 个，校企合作单位 10 个。合作企业投入近 200 万元建成动物疫病检测中心，投入 100 万元建成人文航空模拟舱。牵头成立省职业教育与成人教育学会高职农林牧渔类专业委员会，组织承办了中国现代农业装备职业教育集团 2017 年工作会议暨现代农业装备发展高峰论坛。派出 13 支代表队共 43 名选手参加省级以上技能竞赛，获国家技能竞赛二等奖 1 个，国家行业部门技能竞赛二等奖 1 个、三等奖 1 个，省级技能竞赛一等奖 2 个、二等奖 4 个、三等奖 2 个。

2018 年参加省高校辅导员素质能力大赛跻身前 4 强，获个人一等、三等、优秀奖各 1 个。网络新媒体、文化宣传等阵地建设不断加强，投入 30 万元建设社会主义核心价值观等文化展示牌，成立全省首个语言文字测试站，在全省普通话培训测试站建设工作会议作典型发言，获省“语言文字工作先进理事单位”等荣誉。组织（选派）教师参加各类培训、进企业定岗实践锻炼、国内外访学研修 342 人次，新增教授 2 人、副高职称 15 人、中级职称 13 人、省级青年骨干教师培养对象 4 人。教学技能大赛获国赛二等奖 2 项、三等奖 3 项，省赛一等奖 1 项、二等奖 2 项、三等奖 3 项。学校被确定为教育部第三批现代学徒制试点单位，与 3 家知名企业签订现代学徒制试点合作协议，84 名学生与 16 位企业工匠师傅师徒结对。除此之外，与“一带一路”沿线国家利比里亚考察团、东帝汶民主共和国农业部门签订合作备忘录。学生专业技能竞赛，获省赛一等奖4个、二等奖5个、三等奖9个，获国赛A类三等奖4个和B类一、二、三等奖各1个。

2019年，获省级专业技能竞赛一等奖10个（其中农林牧渔类7个）、二等奖6个、三等奖18个。编撰出版《成功没有偶然 奋斗成就梦想》校友创新创业典型案例集，学生获创新创业大赛国赛二等奖1个，省赛一等奖1个、二等奖2个、三等奖7个；长沙市科技创新创业大赛一等奖1个、二等奖2个、三等奖2个。

立项建设思想政治工作质量提升工程省级项目3个，获省“思政教育研究先进单位”“语言文字工作先进理事单位”等荣誉。立项建设“三全育人”综合改革试点校级项目8个、省级项目1个，获省就业创业工作“一把手工程”优秀单位等荣誉。

休闲农业资源库入选省级资源库建设行列，评选智慧职教云应用先进个人10人，新开设智慧职教慕课5门，投入546万元启动56门课程及精品在线开放课程建设，新增省精品在线开放课程2门。加强实践教学规范管理，专业技能鉴定6个工种4批次共720人次，启用习讯云实习管理平台。加强教学监控与督导，教学运行平稳有序，学生平均到课率92.88%。深化教法教材改革，评选教师优质课堂7门，校企开发教材61种。

安排组织研讨培训共20次。校企共建“双师型”教师培训基地9个、技能大师和教学名师工作室10个，教师进企业顶岗锻炼50人。教师参加职业能力、信息素养、教学展示活动等竞赛，获省赛一等奖1个、二等奖9个、三等奖7个，参加全国高职院校信息素养大赛获最佳教学奖和优秀指导老师奖。

牵头组建中国现代宠物职业教育联合体，成为中国都市农业职教集团第二届副理事长单位、湖南美丽乡村建设研究会副理事长单位。新增校企深度合作项目71个、校地战略合作项目2个，与6所中职学校加强实质性合作。校企联合打造职教名片，教育部《高等职业教育创新发展行动计划（2015—2018年）》认定骨干专业5个、生产性实训基地1个、“双师型”教师培养培训基地1个、协同创新中心1个。

与埃塞俄比亚阿拉戈联邦农业职教与培训学院签订合作备忘录，选派1名专业骨干教师参加援埃职教项目。为落实与东帝汶渔业部签订的合作协议，学校应邀出访并与纳塔波纳职业学院合作办学，首批接收6名留学师生来校访学研修。与加拿大罗耶斯特文理学院签订办学协议，就4个专业大类共8个专业开展学分互认国际合作办学。接待“一带一路”沿线等国家8批次共62人次访问交流，是办学以来外事接待最多的一年。

2020年，是贯彻落实“国家职教改革20条”、实施“双高计划”建设的开局之年。按省职教改革17条和《职教提质培优行动计划（2020—2023）》等新时代职教改革部署要求，统筹推进“双高”建设等改革发展目标任务，坚定走高质量特色发展之路。

学校开展职业教育“楚怡”行动计划，建设“楚怡”品牌职业院校。不断完善技能人才培养体系，扩大中高职贯通培养规模，探索本科层次职业教育试点。扩大“1+X”证书制度试点覆盖面，推进X证书省级教学研究中心建设，开展省级职业技能等级证书试点，着力提升院校办学能力和水平，更好为产业升级和区域经济结构调整服务。

学校入选湖南省“三全育人”综合改革试点校，湖南现代农业职教集团入选全国首批示范性职教集团。选派教师参加国家级、省级培训97人次，校本级组织开展专业群教学资源库建设、教师企业顶岗锻炼等学习培训210余人次，建设校本级在线课程教学资源261门，入选国家“十三五”规划教材3本，省职业教育优秀教材5本，省级专业教学团队4个，省级精品在线开放课程5门，省级教学资源库1个。教育部立项的3个“现代学徒制试点”专业通过验收，15个专业开展教育部“1+X”职业技能等级证书制度项目试点。

学校创新创业孵化基地成功入选“湖南省省级创新创业孵化示范基地”，学校被评为湖南省“育人成效20强”“职业教育集团（联盟）10强”“文化建设10强”“教学资源20强”及“服务贡献20强”。学校已连续3年在全省70所高职院校质量年度报告合规性评价中获评A类学校。

学校与隆平高科共建隆平产业学院，与溆浦县共建祥福农民田间学校，与汨罗市科技局建立产学研基地，与永州工贸学校等探索“3+2”人才培养合作试点，另外新建教师工作站4个、校外实训基地8个。湖南现代农业职教集团探索推进实体化运营，创新集团化办学模式，支撑现代农业产业转型升级。

2020年10月，学校在隆回县羊古坳镇雷峰村共建产学研基地，开展杂交水稻协同创新，试验测产结果为亩产1026千克，达到了预期亩产1000千克的目标。项目基地采取水旱轮作方式，种一季油菜加一季晚稻。示范的主要目的：一是高产。该项目按照袁隆平院士提出的“良种、良法、良田、良态”四良法则进行水稻新品种新技术试验示范；二是由于提质适当推迟水稻播种时间到5月底，提高水稻品质和价格；三是增效。一季油菜加一季晚稻的种植模式，每亩收益在1500元以上，既要高产又要增收。下一步，要继续提高种植效益，形成一套可复制、可推广、让农民能学会的经验做法。

积极融入“一带一路”倡议。在湖南—加纳高职教育合作座谈会作主题发言，与加纳驻华大使洽谈农业高职国际合作办学。参加援助埃塞俄比亚职教项目的教师载誉归来，该项目受到埃方和我国农业农村部高度赞扬，2 名教师取得援外专家资格，并入选我国农业援外储备人才；1 名教师参加农业农村部第 20 期援埃职教项目。稳妥推进与爱尔兰职教发达国家学分互认合作办学，跟进留学生资质申报工作。学校成为中国职业技术教育学会 21 世纪海上丝绸之路职业教育研究会会员单位，积极扩大和深化职业教育对外开放合作，为世界职业教育发展贡献中国智慧、中国方案，提升职业教育服务共建“一带一路”的能力。

2021 年 2 月，《教育部　湖南省人民政府关于整省推进职业教育现代化服务“三高四新”战略的意见》出台，支持湖南省率先建立服务区域经济高质量发展的职业教育制度和模式，12 月 10 日，全省职业教育大会在长沙召开，吹响了湖南省加快构建现代职业教育体系的时代号角。学校对标省部共建职教发展高地等部署要求，加快学校“双一流”建设，深化教育教学改革，提升教师教学技能和课堂教学质量。教师参加教学能力比赛获省赛一等奖 1 个、二等奖 2 个、三等奖 7 个；学生参加技能竞赛获省赛一等奖 12 个、二等奖 14 个、三等奖 18 个，国赛二等奖 1 个。“双创”教育打造了一支富有生机活力的学生队伍，他们在“互联网+”大学生“双创”大赛首获国赛资格，获省赛一、二等奖各 1 个。

政策出台后，“三全”育人全面铺开。全面落实“五育并举”、推进“三全育人”综合改革，大力培养德技双馨的人才。立项校级思政精品课程、教学资源库各 4 门，《“数”说育德，育人无穷》等 9 个案例入选全省高校“十大”育人示范案例，参加全省大学生思政理论课研究性学习成果展示竞赛并荣获一等奖。劳动教育纳入人才培养全过程，并开始构建公共区域、教室寝室、专业实训等劳动实践教育一体化体系。体育选修课改革正式实施，学生参加体育锻炼的兴趣与积极性有效提升。“三下乡、返家乡”“善行一百”等志愿服务活动厚植学生的“大国三农”情怀，“爱党爱国爱校”主题活动、“红心向党 · 情系资助”歌唱比赛、“生机 · 书香”读书活动等营造浓厚育人氛围，获省“三下乡社会实践先进单位”等荣誉。

“三教”改革深入推进。加强新形态教材和课程建设，大力推动教学成果奖培育建设和课堂教学改革，立项建设新形态教材 36 种、精品在线开放课程 21 门，《农作物生产技术（南方本）》教材获得全国优秀教材二等奖。教师参加教学能力比赛、思政说课比赛等获省赛二等奖 5 项、三等奖 4 项，获全国涉农职业院校教学能力比赛二等奖3项。

产教融合优化升级。发起成立产教融合、“校企一体”的办学联盟（集团）6个，正式当选理事长单位2个、成员单位1个。开展农业职教名师评选活动，评选出教学科研型、创业服务型职教名师和农业职教大师共21人。校企校地签订合作协议44个，共建校外基地25个，打造双师队伍，培养技能人才，服务农业农村发展。国际合作上，校企联合成功申报孟加拉国肉禽业生物安全政策与实践研修班和第21期援埃塞俄比亚农业职教项目，校企共建挂牌成立菲律宾杂交水稻技术推广与协同创新中心，深入推进与埃塞俄比亚安拉哥学院合作办学项目。

学生竞赛再创佳绩。参加职业技能竞赛，获省赛一等奖15个、二等奖10个、三等奖11个，国赛一等奖1个、二等奖2个、三等奖1个，其中花艺项目获国赛一等奖（排名第一）。“互联网+”大学生“双创”大赛获省赛一等奖1个、二等奖2个、三等奖3个，国赛银奖和铜奖各1个。参加“振兴杯”全国青年职业技能创新大赛，入围决赛1项，获优胜奖2项。参加信息素养大赛，获省赛一等奖10个、二等奖2个，入围国赛决赛1个。参加“挑战杯”大学生课外学术科技作品竞赛，获省赛三等奖3个。另有4个赛项获长沙市第一届职业技能大赛参赛资格。平均每年招生录取4997人，居全省前列；毕业生4118人，就业率96. 28%，应征入伍228人，征兵工作连续三年位居全省前三。

湖南卫视、《湖南日报》、学习强国等主流媒体宣传报道办学成果104篇次，《“网红院长”花式服务“三农”》等4个案例入选教育部职教提质培优增值赋能典型案例，《深耕现代学徒制，创新课程体系，培育高素质技术技能人才》入选省职教现代学徒制试点项目。获省普通高校就业创业工作“一把手工程”督查优秀单位、省创新创业孵化示范基地、省语言文字工作先进理事单位、省职业院校技能竞赛高职组团体二等奖、省基层团建工作示范点、省“五·四”红旗团委等荣誉。《中国教育报》《湖南日报》、湖南卫视、红网等媒体报道办学成果100余次。

学校高起点谋划、高标准推进职教高地建设，致力于提升办学质量水平和核心竞争力。乡村振兴人才培养优质校建设有力有序，进展良好，学生技能竞赛国赛一等奖等标志性办学成果取得重大突破，这一期间学校已建成区域特色鲜明、专业优势明显、产教深度融合、培养模式先进、办学条件优良、就业优势明显、能引领产业发展的高水平高职院校。

第三节　新起点再出发 迈向湖湘职教新高地（2022—2023）

2022年党的二十大胜利召开，党的二十大报告强调，“我们要坚持教育优先发展、科技自立自强、人才引领驱动，加快建设教育强国、科技强国、人才强国，坚持为党育人、为国育才，全面提高人才自主培养质量”，“统筹职业教育、高等教育、继续教育协同创新，推进职普融通、产教融合、科教融汇，优化职业教育类型定位”，为我校源源不断培养高素质技术技能人才、大国工匠、能工巧匠提供了政策支撑。

2022年5月1日，新修订的《中华人民共和国职业教育法》明确规定建立健全现代职业教育体系，进一步完善了新时代职业教育法律制度体系，是我国职业教育历史上的重要里程碑。这对于推动职业教育高质量发展，建设教育强国、人力资源强国和技能型社会，推进社会主义现代化建设具有重要意义。

全校上下以习近平新时代中国特色社会主义思想为指导，改革攻坚，善作善成，学校发展多方面取得突破性成绩。

铸魂育人走深走实。深入开展征文、微宣讲等活动来学习宣传贯彻党的二十大精神，党委中心组集中（扩大）学习13次，评选优秀党课作品10个，立项省级思想政治提升工程项目2项。思政课程与课程思政相得益彰，《藤蔓的青春》获第五届全国大学生微电影创作大赛特等奖和最佳摄影奖，《中国梦 校园情》获湖南省第七届大学生微电影短视频大赛特等奖，《光影湘村》获长沙市微电影大赛二等奖。贯彻落实上级党组织关于意识形态工作部署要求，加强舆情监控和思想宣传工作，邀请《光明日报》《湖南日报》等主流媒体广为报道学校办学成果。

“三全育人”创新出彩。传承创新文化育人，《赓续红色血脉、厚植“三农”情怀，构建“三纵三横”文化育人模式》入选全国职业院校“三全育人”案例。体艺课改初显成效，参加湖南省第十二届大学生运动会取得田径男子800米冠军好成绩，《融入职业核心能力教育的高职体育教学模式构建与实践》获省运会科学大会论文评选一等奖。团学活动丰富多彩，“生机 · 书香”活动为学校带来了深厚的校园书香氛围。另外，推动劳动教育落到实处，开展资助育人润物无声，实施“六位一体”心育模式。国防征兵质量连续3年位居全省高校前列。抓好语言文字和绿色学校创建工作，完成文明标兵校园复评，获省级语言文字推广基地项目立项。

学校积极探索提高办学内涵质量的新思路、新方法，推进“三教”改革，打造高水平“双师”队伍，深化产教融合、校企合作，提升服务社会和国际化办学水平，打造湘农高职高地。2022年学校入选湖南省“楚怡”高水平高职学校建设计划建设单位A档，再次获得省级高职院校最高荣誉，种子生产与经营、畜牧兽医、现代农业装备应用技术入选湖南省“楚怡”高水平专业群，在国家“双高”项目中期绩效评价获“良好”等级。专业建设不断动态调整优化，新增城乡规划、茶艺与茶文化2个专业，商务英语、智能控制技术2个新专业通过省教育厅检查，新能源汽车技术专业立项为教育部中德先进职业教育专业合作项目，“1+X”技能考证试点涵盖专业37个。

“三教”改革多点突破。作为第一主要完成单位，获湖南省职业教育教学成果特等奖1个、二等奖2个；作为主要完成单位，获省级职业教育教学成果一等奖2个。建设校级精品在线课程47门、新形态教材37种、“优质课堂”5门，《物流成本管理》获国家级精品在线课程立项。获徐特立教育奖1人，获首届涉农职业院校服务乡村振兴“名课名师”项目资助1人，选派2人参加新一轮援疆计划。

师生竞赛成绩巩固提升。教师参加教学能力比赛获省赛一等奖1个、二等奖2个、三等奖3个。学生参加技能竞赛获省赛一等奖9个、二等奖19个、三等奖9个，国赛一等奖1个、二等奖3个，花艺赛项蝉联国赛一等奖，总体成绩好于上一年度；参加“互联网+”大学生创新创业大赛获省赛二等奖2个、三等奖3个，国赛铜奖1个，学校获省赛“优秀组织奖”；参加“挑战杯”大学生创业计划竞赛获省赛金奖1个、银奖2个、铜奖2个、团体“优胜杯”和“优秀组织奖”2个；参加首届“典阅杯”全国高校跨境电子商务综合能力大赛获特等奖1个、一等奖1个、二等奖1个。参加高职高专院校信息素养大赛，获省赛一等奖10个、二等奖2个、三等奖1个，入围全国总决赛1个。1个项目入围省级“黄炎培”职业教育创业规划大赛现场赛主体赛，1个项目获长沙市“中国创翼”创业创新大赛决赛优秀奖和人气之星奖。

推动产教融合走深走实。牵头成立湖南农业职业教育教学指导委员会，发起组建职教集团（联盟）3个。签订校企、校地、校校合作协议85份，校企共建天心现代畜牧产业学院、湖南农机产业学院，建成校外实训基地13个、教师实训基地10个，《跨界协同、一生一案：乡村振兴本土化人才培养研究与实践》被遴选为教育部产教融合典型案例。挂牌成立现代农业装备应用技术、畜牧兽医、种子生产与经营专业群海内外人才研习（实训）基地，联合开展孟加拉国“肉禽业生物安全政策与实践”、马来西亚和尼日利亚“中国农业机械发展状况和水稻种植全程机械化”、巴基斯坦“中文+工业机器人提质培优”等援外项目的线上培训，开发英文网络培训课程 1 门、双语教材 2 种，2 名教师深度参与援外培训与课程教学，选派 3 名教师参加“一带一路”国际研讨会，拓展国际视野。

打造创新高地成效明显。立项校外课题 51 项，其中纵向课题 43 项（省级以上课题 21 项），横向课题 8 项。授权发明专利 12 项，外观设计专利授权 13 项，实用新型专利授权 22 项。“柑橘内外品质智能分级机”成功入选农业农村部火花技术项目，获得全国农牧渔业丰收奖一等奖 1 项、三等奖 2 项。湖南省职业教育创新发展重大（重点）攻关项目《职业教育服务乡村振兴战略研究》成功立项并结题。遴选 70 余项有潜在转化价值的实施专利申请开放许可，审定国审水稻品种 2 个，协同制定行业标准 5 个，开发农业研学课程 18 门，2 项技术成果被湘西自治州成功转化并开展了主题活动现场展演。

持续助力乡村振兴有力有效。入选湖南省“三区”人才资助计划 15 人、湖南省“科技特派员”计划 12 人、市（县）级“科技特派员”计划 11 人，牵头组建醴陵市“科技专家服务团队”，组织省、市、县、乡四级农业科技人员 110 名，服务区域农业农村特色优势产业发展。非学历继续教育抓好“三个环节”、办好“四类课堂”、做好“五种服务”，举办农业实用技术培训班 51 期、培训人数 5166 人，乡村振兴创业致富带头人培训人数稳居全省之首，成功入选农业农村部“耕耘者”计划培训单位。

发展大局安全稳定。抓“进口”保“出口”，新生录取 6000 人、到校 5772 人，办学规模再创历史新高；多措并举稳就业保就业，毕业生初次就业率 88.96%，稳居全省高职院校前列。加强日常教育教学管理，抓好学习预警、健康教育、宿舍网格化管理等工作，督导教师听课 200 多人次，督导论文获湖南省优秀督导论文二等奖。

2021 年 5 月 22 日，学校名誉院长袁隆平院士因多器官功能衰竭，在长沙逝世，享年 91 岁。5 月 23 日，学校师生千余人冒雨步行自发有序前往湖南杂交水稻研究中心吊唁袁隆平院士；并于 23 日晚组织全校师生集体追思袁隆平院士；24 日 10 点，全体师生起立默哀三分钟，开展传承“隆平精神”主题活动，继承袁隆平院士留给我们的宝贵的精神财富，弘扬“创新、奋斗、奉献、协作”的“隆平精神”，继承他未竟的事业，继续追逐“禾下乘凉梦”和“杂交水稻覆盖全球梦”。

2022 年 9 月，由袁隆平院士提出的“四良法”指导的学校超级杂交水稻协同创新中心的 108 亩水稻高产示范田开始测产。水稻品种为“甬优 1538”，测产专家组成员由省农业农村厅、省农科院的 9 名研究员和教授组成。经过随机选点、面积测量、机械收割装袋编号、分袋称量、水分测定、产量计算等一系列严格规定的测产程序之后，专家组组长柏连阳院士当场宣布：测产结果为亩产1138.5千克，刷新湖南省一季稻单产纪录。

2022年入选湖南省科普培育基地，入围教育部数字校园试点单位。基本建成PC端门户、移动（手机）端门户和中心数据库一体化“智慧校园”平台体系，建成研讨智慧教室1间、普通智慧教室23间，改造多媒体教室20余间。完成工业机器人运控与虚仿中心、动物疫病远程诊断中心与疾病资源实训室等7个实训室的建设与设备升级，维修改造学生宿舍、教室、水电、官网等基础设施项目50项。

跟随政策抓特色强优势，在强内涵抓特色的路上高歌猛进。学校入围省卓越高职院校、国家首批“双高计划”建设学校，跻身全国高职院校高质量发展第一方阵。与隆平高科共建隆平产业学院，牵头组建中国现代宠物职教联合体，湖南现代农业职教集团入选全国示范性职教集团，立项建设国家现代学徒制试点、国家“1+X”证书制度试点等一批职教改革重点项目。始终坚持职业教育服务经济社会发展的重大战略，充分发挥涉农职业教育的优势，探索职业教育服务乡村振兴的新型样态，为加快实现湖南乡村振兴和农业农村现代化贡献力量。

2023年，学校将迎来120周年校庆。百廿之庆，双甲之约，学校将于2023年9月28日举行校庆庆典，我们诚邀各届校友和关心、支持学校发展建设的各界人士，同与嘉会。

同时2023年好讯频传。1月16日，学校被确定为2022年度湖南省职业教育创新发展重大（重点）攻关项目建设单位，由学校党委书记刘启华主持的《职业教育服务乡村振兴战略研究》被立项为重大（重点）攻关项目，成为湖南省12个入选的项目之一。2023年3月中国教育科学研究院、全国职业高等院校校长联席会议编制的《2022中国职业教育质量年度报告》发布，学校入选全国高职院校学生发展指数优秀院校。5月19日，湖南省教育厅下发《关于实施“楚怡工匠计划”试点工作的通知》（以下简称《通知》），根据《通知》，湖南省2023年遴选了湖南农业大学等11所本科高校与15所高职院校进行“楚怡工匠计划”试点，湖南农业大学与湖南生物机电职业技术学院（种子科学与工程专业）试点合作，毕业后颁发本科高校毕业证书和学位证书。7月21日，湖南省教育厅发布《关于2022年第二批省级绿色学校创建工作认定结果的公示》，学校被认定为省级绿色学校创建示范单位。

构建现代化的职业教育体系是我国当前经济结构调整升级的要求，同时也是职业教育发展的规律。当前我国经济结构的急速转变带来了人才需求的快速转型，教育供给和产业需求还未形成产教良性互动的格局，未来 5 年，本科层次职业教育将迎来发展高潮，为学校迈向职教新高地提供了发展机遇。我们正处于新一轮职业教育大改革大发展的时代潮流和历史方位上，要深刻把握职业教育与经济社会发展的内在逻辑与根本使命，根据阶段特征及时转变学校发展定位，与国家本科层次职业学校标准和本科层次职业教育专业标准对比，找出差距，发扬特色，坚定推进教育教学改革，坚定服务“三农”目标，站在新起点，瞄准新目标，脚踏实地迈向新高地。

新时代，强农兴农重任在肩；新征程，立德树人初心在怀。学校将继续发扬“修业”精神，始终秉承“为时养器，器为时用”的办学宗旨，历练“务本崇实，修德精业”校训，坚持立德树人，为党育人，为国育才。深入推进教育改革，坚持问题导向、靶向发力；深入落实习近平总书记对湖南工作、职教工作的重要指示精神，以党的政治建设为统领，以高质量发展为统揽，以改革创新为动力，融入对接国家区域战略需求，突出重点，抓住关键，推动高职事业发展再上新台阶；优化课程设置，扩大校企合作范围，为全面推进乡村振兴、落实“三高四新”战略定位和使命任务做出新的更大贡献！为建设中国特色的现代化经济体系和实现中华民族伟大复兴的中国梦做出更大的贡献！

最后，让我们向所有为学校的成长发展付出奋斗与心血的领导、师生、校友和社会各界人士致以崇高的敬意和深深的感谢！我们坚信，有上级党组织的正确领导，有全校上下的同心同德、奋力拼搏，我们一定能谱写学校高质量发展的壮丽篇章！

附 录

附录1 二级学院简介

植物科技学院

一、学院概况

植物科技学院是教育部、财政部立项支持的中国特色高水平专业群建设单位，其办学历史沿于1920年湖南省修业农业学校的农艺、园艺等专业，为湖南乃至全国培养了20000多名技术和管理人才。

学院积极开展应用技术的研究与推广，获湘审品种4个、国家发明专利7项、地方标准4个、省科技进步奖3项、全国农牧渔业丰收奖1项、省农业丰收奖4项，获国家级优秀教学成果一等奖1项、省级优秀教学成果三等奖2项，获国家级教学竞赛三等奖1项，获省级微课竞赛二等奖2项、三等奖2项，获省级创业创新大赛三等奖2项。教师主持国家级资源课程2门，主持省级资源课程6门。

学院拥有较完备的教学设备设施，校内设有植物、植物生理、土肥、昆虫、病理、种子检验、艺术插花、工程测量、生物技术、美术绘图等28个实训室，校内外实训基地面积约2000余亩。各类主要教学仪器设备1270台，设备总资产达1.8亿元。

学院与袁隆平农业高科技股份有限公司、北京大北农集团等30余家国内外知名公司合作，共同探索联合培养、“院企交替”等人才培养模式，共建“隆平班”“恒德班”“华维班”等联合培养班，设多项企业奖学金。学院毕业生当年就业率达96%以上。近年，应届毕业生参加“专升本”考试，报录比均在50%左右，报考学生大多被湖南农业大学、中南林业科技大学等校录取。

二、师资队伍建设

学院现有教职工70人，其中教授（正高级职称）6人，副教授（副高级）13人，博士以上学历 8 人，其中，有全国农业职业教育教学名师 1 人，黄炎培杰出教师 1 人，国家级科技特派员 1 名，省级农业教学名师 1 人，省级科技特派员 2 名，省级专业带头人 2 名，省级青年骨干教师 5 人，省内访问学者 3 名。

三、学科与专业建设

学院目前设有种子生产与经营、园艺技术、园林技术、绿色食品生产技术、休闲农业经营与管理、建筑室内设计、植物保护与检疫技术、茶艺与茶文化、城乡规划 9 个专业，64 个班级，在校学生 2400 多人。

学院种子生产与经营专业是国家“双高计划”项目重点建设专业，教育部“1+X”试点专业，湖南省一流特色专业群核心专业、湖南省示范性特色专业。休闲农业经营与管理专业是湖南省一流特色专业群建设专业、省级特色专业。园艺技术专业是国家双高专业群建设专业，省级精品专业、特色专业、教学改革试点专业，由省级优秀专业教学团队执教，拥有中央财政支持的教学实训基地和全省园艺类教师专业教学水平认证基地。植物保护与检疫技术专业是教育部“1+X”试点专业。绿色食品生产技术专业是湖南省一流特色专业群建设专业。园林技术专业是国家“双高计划”项目重点建设专业之一，属于湖南省一流特色专业群建设专业、省级精品专业。

学院与袁隆平农业高科技股份有限公司、湖南省食品质量监督研究院、广电计量（湖南）检测有限公司、深圳通量检测有限公司、湖南金色农华种业科技有限公司、湖南建科园林有限公司、湖南景然园林发展有限公司、湖南星城明月蓝莓生态农业发展有限公司等 20 多家单位合作办学，联合培养人才。

四、教学与教改成果

近年来，学院教师在各类国家级比赛中获得奖项 12 项，在各类省级比赛中获得奖项 35 项。建设省级休闲农业专业教学资源库、现代种植专业群教学资源库，校企共建校级精品在线开放课程 30 门、省级精品在线开放课程 2 门，在智慧职教 MOOC 学院开课 11 门。累计建设校级数字化课程教学资源库 42 个，数字化资源的总容量达 1.4TB，其中原创性数字化资源的总容量达 1.1TB。编写全国全省规划教材 27 种，获全国优秀教材 1 种。

五、科研与学术交流

近年来，学院教师承担国家级项目 3 项，省级项目 17 项，发明专利 6 项，在国家级和省级专业刊物上发表论文320多篇，其中SCI论文20篇。

六、学生工作

近年来，学生在各类国家级比赛中获得奖项28项，其中，学院在全国职业院校技能大赛高职组艺术插花赛项上连续两年获得一等奖，在各类省级比赛中获得奖项120余项。

七、社会服务

近年来，学院开展了一系列服务社会活动，培养高素质农民、家庭农场主100余人次，培育国家级创新创业型农民典型，建设浏阳市达浒镇孔蒲中家庭农场新型职业农民与创业致富带头人培育实训基地。农场负责人孔蒲中曾受邀做客中南海面对面向时任总理李克强提建议。孔蒲中事迹被《湖南日报》等多家主流媒体争相报道。2018年，孔蒲中被评为“全国百名杰出新型职业农民”。此外，多年来学院还去湖南省各地共组织了数十期培训，学员逾万人。帮扶脱贫农民增收，为西江湾村提供技术服务，促进65户农民每年每户增收3500元以上；为三角潭村提供技术服务，促进150户农民每年每户增收3560元。推广新技术、新设备促进企业效益增长率。为全省农户提供种植信息咨询服务，促进产值提升0.11亿元，推广杨梅、柚子、油茶等种植新技术提高社会产值0.57亿元，服务西江湾村特色农业产值增值0.05亿元，服务武陵山区促进当地特色农业产值增加0.65亿元，推广黄柏、黄精、青蒿中药材等种植新技术提高社会产值0.48亿元，服务三角潭村特色农业产值合作社增值0.08亿元，服务武陵山区促进当地特色农业产值增加0.81亿元。指导农业企业成为省级以上示范典型。在学院师资力量的帮助和指导下，湖南永益农业科技发展有限公司被评为2019年湖南省现代农业特色产业园省级示范园，湖南智粮农业股份有限公司被评为湖南省农业产业化龙头企业和湖南省五星级休闲农业庄园。

八、在职副高级以上职称人员名单

教授：刘唐兴、李益锋、李永兴、蔡冬元、陶抵辉、周杰良

副教授：刘红梅、阳征助、黎建文、尹晓科、李妙、袁丽、黄新杰、姜放军、王建湘、吴迅、雷冬阳、邓沛怡、武凝玲

动物科技学院

一、学院概况

动物科技学院是具有悠久办学历史的院系之一，其前身为1963年与1974年先后并入湖南省长沙农业学校的湖南省畜牧兽医学校和衡阳水产学校。2001年学校升格为高职院校即设立动物科技系，开设畜牧兽医、水产、食品加工3个专业。为了更好适应区域经济社会发展需要，2005年增设兽医、动物防疫与检疫、动物营养与饲料、食品检测技术等专业，2013年设宠物美容专业（2016年更名为宠物养护与训导专业），2017年设动物药学专业。2017年动物科技系与食品科技系合并设动物科技学院。

历经几十年的曲折历程，通过几代“动科人”的共同努力，学院顺应时代发展要求，开拓创新，艰苦创业，为湖南省、全国培养了大批畜牧兽医、水产养殖和食品加工专业技术等方面的人才，为服务乡村振兴与现代农业发展做出了巨大贡献。

学院建有动物养殖场、北山水产养殖场、生物产品检测中心、动物医院等5个校内生产性实训基地，有标本馆、动物外科、水生生物、果蔬加工、微生物、显微镜等30多个实习实训室（中心），生均仪器设备12800元，其中动植物标本馆，展区面积达1400平方米，收集各类标本5000多种，是国内一流校内标本馆。湖南省肉用种山羊生产性能测定中心由中央财政投资500万元建设，是农业农村部种业创新项目。动物科学VR仿真实验室开发有虚拟动物问诊、虚拟动物病情、虚拟动物临床化验、股骨骨折内固定术虚拟仿真、阉割术-去势术虚拟仿真、拔牙术虚拟仿真、肠管部分切除与断端吻合术虚拟仿真、猪养殖虚拟仿真等学习软件、实训系统软件和实验系统软件。

学院遵循产学研创融合的办学理念，与湖南天心牧业股份有限公司共同组建了天心现代畜牧产业学院；与行业、企业和科研院所合作，牵头组建了中国生猪产业职业教育产学研联盟、中国宠物产业职教集团，并任理事长单位，与湖南省畜牧兽医研究所、新五丰股份有限公司等企业院所组建了生态养殖协同创新中心。与150多家企业在专业共建、班级共管、实训基地共建、双师共同培养等方面建立合作关系，聘请了200余位企业技术专家担任兼职教师与实习实训指导教师。

学院毕业生就业前景广阔，毕业生供不应求。连续三年，来学院招聘毕业生的单位有：大北农集团、新五丰股份有限公司、湖南唐人神集团、正大集团公司、湖南天心牧业股份有限公司等100多家知名公司，为动物科技学院的莘莘学子开创了广阔的就业前景。

二、师资队伍建设

现有教职工57人，其中教授8人，副教授19人，博士以上学历7人。畜牧兽医、动物药学专业教学团队是湖南省高职专业教学创新团队。

三、学科与专业建设

学院设有畜牧兽医、动物医学、动物药学、宠物养护与训导、动物防疫与检疫、水产养殖技术、食品智能加工技术、食品检测技术8个专业，66个班级，在校学生2921人。

畜牧兽医专业群是湖南省“楚怡”高水平专业群建设单位，其中畜牧兽医、动物医学专业是国家骨干专业；畜牧兽医和宠物养护与驯导专业是教育部“1+X”试点专业；动物医学专业是国家现代学徒制试点专业；动物医学、水产养殖技术专业是湖南省基层农技人员特岗计划培养专业。

校企联合办学是学院的特色之一，成为培养新型人才的亮点。近年来，学院为提高学生的创业能力，培养学生的创新精神，与湖南省畜牧兽医研究所共建了大学生创业孵化园。同时与70家多家省内外农业产业化龙头企业签订了联合培养协议，与新瑞鹏、正大、唐人神、新五丰、龙华农牧、天心种业、五指峰、盐津铺子等企业开展了现代学徒制、订单式人才培养，每年提供养殖和食品类需求“订单”类人才500余人，并设立企业奖学金项目6个，每年颁发企业奖学金达10余万元。

四、教学与教改成果

人才培养模式创新成果获2023年国家职业教育教学成果奖二等奖。近年来，学院教师获省级职业教育教学成果奖特等奖1项，二等奖2项；参加教师教学能力大赛获国家级奖项2项、省级奖项8项；建设湖南省高职畜牧兽医专业教学资源库1个，国家精品在线课程1门，主编、主审职业教育国家规划及其他规划教材20多种。

五、科研与学术交流

近年来，学院教师拥有国家级职业教育重点建设项目8个，获得省级科技进步奖

3 项，省农业丰收奖 5 项，省级职业教育重点建设项目 15 个，发明专利 50 余项，发表论文 140 余篇，其中 SCI 22 篇，EI 5 篇。

六、学生工作

近年来，学生在各类国家级比赛中获得奖项 18 项，在各类省级比赛中获得奖项 34 项。

七、社会服务

近年来，学院教师主要在技术服务、三区人才、科技特派员等方面为省内县市区相关企业提供技术指导，提高企业经济效益。

八、在职副高级以上职称人员名单

教授：刘鹤翔、何德肆、陈琼、喻凤香、谭胜国、彭运潮、文贵辉、熊钢

副教授：刚良、方北曙、尹小平、卿爱东、马玉捷、徐平源、葛玲瑞、康晖、廖三赛、林继元、张涛、张朝辉、刘吉凤

高级畜牧师：肖玉梅、李萍、李微

高级兽医师：彭兰丽

高级实验室：沈萍

高级政工师：刘林

机电工程学院

一、学院概况

机电工程学院由原机械及自动化系、电子电气工程系合并而成，是湖南省职业院校教师认证培训基地、高技能人才培训基地、退役士兵职业教育与技能培训基地、职业技能鉴定、模具设计与制造专业专家委员会秘书处单位、模具设计与制造专业技能抽查标准开发单位，是长沙市机器人产业联盟成员之一。

二、师资队伍建设

现有教职工 67 人，其中教授 3 人，副教授、高级工程师 24 人，讲师、工程师、实验师 40 人，博士以上学历 1 人，湖南省优秀教师 1 人、技术能手 1 人、专业教学团队 2 个、专业带头人 3 名、青年骨干教师 6 人，国内访问学者 4 人。

三、学科与专业建设

学院开设工业机器人技术、机电一体化技术、电气自动化技术、电子信息工程技术、模具设计与制造、机械制造及自动化、机电设备技术、数控技术 8 个专业，均为学徒制试点推广专业。

其中，获得教育部 2015—2018 创新行动计划认定的优质项目有：机电一体化技术、机械制造及自动化骨干专业，机械制造及自动化生产性实训基地，智能农业装备技术协同创新中心。获得教育部“1+X”试点的专业有工业机器人技术、机电一体化技术、机械制造及自动化、机电设备技术。模具设计与制造专业是中央财政支持的重点建设专业、省级精品专业。

有机电一体化技术、模具设计与制造 2 个省级专业教学团队；有机电一体化技术、机械制造及自动化、模具设计与制造 3 个省重点生产性实习实训（教师认证培训）基地。机电一体化技术专业是省级优秀专业、省“双一流”职院特色专业群核心专业，模具设计与制造专业是省级精品专业。

学院与博众精工、中联重科、五新隧装、山河智能、远大科技、华为科技、舜宇集团、上海大众、拓普联科、立讯精密、汉达集团、蓝思科技、中达电子等公司开展校企合作，合办订单班、定向班、学徒班。

四、教学与教改成果

近五年来，学院教师在各类省级比赛中获得奖项47项，编、审教材92种，其中国家级规划教材9种、全国高等农业职业教育精品教材2种、全国农业教育优秀教材1种、专著8本。

五、科研与学术交流

近五年来，学院教师承担国家级科研项目3项，省级科研项目17项，发明专利50余项，发表论文90余篇，其中SCI 2篇，EI 2篇。

六、学生工作

近五年来，学生在各类国家级比赛中获得奖项4项，其中，2016年在“挑战杯——彩虹人生”全国职业学校创新创效创业大赛中获一等奖。在各类省级比赛中获得奖项28项。

七、社会服务

近五年来，学院开展的社会服务主要有：

（1）农业科技攻关立项省级棉花创新项目1项（棉花免耕侧深施肥精量直播技术与装备研究）。

（2）农业科技攻关项目立项2项（省农机创新研发项目丘陵果园除草机研发与应用，省农业科研奖励项目智能除草机）。

（3）智能农业装备专家团队为20余家企业开展了科技、经济等信息服务；开展了面向数十家农牧企业的远程技术指导和信息咨询服务；武陵山片区工作组在十八洞村、三角潭村等地开展了义务维修并得到高度评价。

（4）建立了柏森家庭农场智能农业装备生产示范基地，特色农业产业带动1328户以上家庭致富。

（5）牵头组织开展了中国、马来西亚、尼日利亚参与的中国农业机械发展状况和水稻种植全程机械化首期援外网络培训，共培训50人次。

（6）开展了“中文+工业机器人”技术操作职业技能境外短期线上培训项目，培训巴基斯坦院校学生25人。

（7）开展了工业机器人技术员“老挝国家职业标准共建项目”1项。

八、在职副高级以上职称人员名单

正高级：王少华、廉良冲、曹清香

副高级：阳年生、金华、刘慧、周旭红、朱春香、何俊波、周莉、李玉龙、熊霞、刘琳静、胡孝时、陈治岸、刘永红、马立新、徐坚、唐进、张桂华、王峰、李浩、陈越、刘丽萍、刘兴旺、贺坤辉、刘熠

车辆工程学院

一、学院概况

车辆工程学院拥有在校生1000余人，是教育部汽车运用与维修专业领域国家技能型紧缺人才培养培训基地，教育部第三批现代学徒制试点单位，中国人民解放军直招士官基地，湖南省人力资源和社会保障厅职业技能鉴定基地，拥有教育部认定的技术研发平台——智能农业装备技术协同创新中心。

学院坚持产教融合、校企合作，积极探索订单培养、工学结合、现代学徒制等人才培养模式，与上汽大众、吉利汽车、中联重科、三一重工、花机电、湘悦农机等50多家大中型企业合作，建设校外实习就业基地，开设订单班。与企业合作，在校内共建机动车检测中心、机动车维修服务中心、驾校、农机产品展示推广中心等校内实习基地。同时，按照理实一体化教学要求，在校内建成汽车修理实训中心、汽车底盘实训中心、汽车电器实训中心、汽车新技术实训中心、新能源汽车实训中心、汽车美容实训中心、钳工实训中心、机械加工实训中心、机电维修实训中心等20多个集实训教学、职业培训、技能鉴定和新技术推广于一体的校内实训场所。

2019年起，学院面向全省招收现代农业装备应用技术专业基层农技人员特岗人员来定向培养，毕业后由农业农村行政部门定向安排到生源地农技（农机）推广机构工作。

二、师资队伍建设

学院重视师资队伍建设，建成了“学院专任教师+名企培训师+维修企业技师”的高水平双师结构教学团队。现有专任教师22人，其中教授1人，副教授及高级工程师5人，讲师15人，实验师2人，具有硕士及以上学位的教师20人，国外交流学者1人，湖南省青年骨干教师3人，高级技师6人，国家职业技能鉴定中、高级考评员32人，“双师型”教师占教师队伍的85%。同时，聘请湖南省机械行业管理办公室、湖南省汽车行业协会、长沙理工大学等单位的知名专家、工程技术人员为客座教授。

三、学科与专业建设

学院目前开设了汽车检测与维修技术、现代农业装备应用技术、新能源汽车技术、汽车技术服务与营销、汽车制造与试验技术5个专业，其中，汽车检测与维修技术专业、汽车技术服务与营销专业和汽车制造与试验技术专业有国家技能型紧缺人才培养基地，汽车检测与维修技术专业有省级生产性实训基地。

学院与上海大众、湖南申湘汽车销售集团等公司实行校企合作办学，与中联重科、伟业机械、富佳科技、湘鹿农装等公司开展了产学研合作。

四、教学与教改成果

近年来，学院教师在各类国家级比赛中获得奖项5项，在各类省级比赛中获得奖项38项。学院的现代农业装备应用技术专业群是学校3个重点建设专业群之一，目前已建成省级精品课程2门、省级重点实训基地1个、省级教学团队1个，主编、主审职业教育国家规划及其他规划教材20多种，获省级教学成果奖二等奖1项。

五、科研与学术交流

近年来，学院教师承担国家级科研项目2项，省级科研项目9项，发明专利30余项，发表论文20余篇。

六、学生工作

学院注重学生专业技能培养培训，积极开展汽车类专业“1+X”证书制度试点，在全省专业技能抽查中，各专业通过率均为100%。近年来，学生在各类国家级比赛中获得奖项5项，在各类省级比赛中获得奖项35项。

学院毕业生遍布三湘四水和全国各地，主要面向汽车制造、销售与维修企业、保险公司、二手车交易公司、汽车配件销售企业、汽车检测站、汽车运输企业等岗位，从事汽车制造、汽车检测维修、汽车销售、保修鉴定与索赔、事故汽车定损、二手车鉴定评估、汽车配件销售与管理、汽车钣金、喷漆、装饰与美容等工作，每届毕业生当年就业率均达95%以上。

七、社会服务

学院教师蒋瑞斌、熊少华是湖南省农业农村厅职业农民培训讲师。学院成立了农业装备专家服务团，平均每年下乡进行农机培训300人次。学院是汽车修理工、二手车鉴定评估师培训基地，平均每年培训1000人次。

八、在职副高级以上职称人员名单

教授：蒋瑞斌

副教授：何代进、刁一峰、熊少华、吴东阳、彭义军

经济贸易学院

一、学院概况

经济贸易学院专业办学始于20世纪60年代初。在半个多世纪的建设发展中，一代又一代经贸人呕心沥血、辛勤耕耘、接续奋斗，积淀了深厚的文化底蕴，积累了丰富的办学经验，形成了独特的办学模式，铸就了教书育人之魂。

学院师资力量雄厚，形成了一支政治坚定、德才兼备、技能卓越、结构合理的“双师型”教师队伍。现有专业机房12间、模拟实训室3间和780平方米的物流实训中心1栋，10个用于教学、技能抽查、技能竞赛软件或模拟的系统，校外实训教学基地52个。

二、师资队伍建设

经济贸易学院现有教师员工78人，专任教师58名，其中教授5名、副高职称21名、中级职称40名；硕士或在读硕士研究生50名，博士和在读博士4名；“双师型”教师48名，其中湖南省高等学校青年骨干教师培养对象4名、国内访问学者8名、校级骨干教师12名、湖南省优秀教师1名、湖南省职业教育优秀“双师型”教师1名；学院还聘请了一批国内外资深教授及学者任兼职教师。

三、学科与专业建设

学院开设了农村新型经济组织管理、电子商务、国际经济与贸易、现代物流管理、大数据与会计5个专业，在校学生2800余人。其中，电子商务专业为湖南省教改试点专业。

近年来，与京东物流、苏宁物流、顺丰速运、三一重型装备有限公司、湖南友谊联合会计师事务所、辣妹子集团、北京资源集团和杭州阿里巴巴有限公司等70多家企业和用人单位达成了校企联合办学协议，开展“学生即员工，学习即工作”的人才培养模式改革，签订订单培养协议，建立了紧密的校企合作关系，共享师资、共建实训基地。

四、教学与教改成果

近年来，学院教师在各类国家级比赛中获得奖项 1 项，在各类省级比赛中获得奖项 20 项，目前拥有国家级精品在线课程 1 门，省级精品在线课程 4 门，国家规划教材 1 本，编写教材 60 本，获得省级教学成果奖 3 项。

五、科研与学术交流

近年来，学院教师承担国家级科研项目 10 项，省级科研项目 55 项，发明专利 10 余项，发表论文 300 余篇，其中 SCI 11 篇，EI 8 篇。

六、学生工作

近年来，学生在各类国家级比赛中获得奖项 6 项，在各类省级比赛中获得奖项 117 项。学院毕业生就业优势显著，就业率达 97.5%以上。

七、社会服务

（1）开展“百片千园”农业科技服务。近年来，学院有 15 名教师入选湖南省“百片千园”农业科技服务专家服务，200 多人次深入 35 个县市、乡、村和农村新型经济组织开展现场指导和农民培训，共培训和指导农民 45000 多人次。

（2）农产品产地冷藏保鲜设施建设技术服务。为解决农产品“最先一公里”进城难的问题，协助农业农村厅开展了农产品产地冷藏保鲜设施建设技术服务，编写了《农产品产地冷藏保鲜设施建设技术手册》，印制 50000 册，发放给农户，为湖南省张家界、湘西自治州等 12 个市、72 个县的湖南省农产品冷链物流设施建设提供技术指导。

（3）组织带领数名学生主播参加湘阴县鹤龙湖螃蟹文化旅游节“抖亮岳阳 V 来精彩”网络主题宣传活动，开展了“生机助农，蟹蟹有你”为主题的社会服务直播活动。

（4）与湖南省茶叶协会和湖南五八农服信息技术有限公司联合举办了“五彩湘茶”杯第一届直播带货技能比武，共有植物科技学院、动物科技学院和信息技术学院 3 个学院的学生（共 31 组）参加比赛，中华热线网、湖南新闻网、腾讯新闻、湖南在线、每日长沙、湖南经济网、红网、58 农服、今日头条、搜狐号、芒果 TV、湖南茶业、潇湘茶馆 13 个媒体进行了报道，为湖南茶叶营销贡献自己的力量。

（5）编写了《农产品电子商务技术服务手册》，印制了 5000 册发放给农户，与 1100 多家各类农业新型经济组织签订“网店运营与维护”协议。

八、在职副高级以上职称人员名单

教授：谭黎明、管昕、肖淑兰

研究员：单再成

正高农艺师：杨晓萍

副教授：吴珍、李丹、刘慧莲、邹小梅、王彩霞、谢红越、周博沙、王武蓉、陈晓丹、李小青、邹勇燕、王静怡、李青阳、曹康、王欣、李婕

高级政工师：刘晓峰

高级农艺师：程明玲

高级会计师：王红雨

高级经济师：梁钟元、孙晓荣

信息技术学院

一、学院概况

信息技术学院于1995年开办，在办学模式、教育质量、管理水平、技术服务能力等方面处于区域内兄弟院校的第一梯队，专业整体实力强，社会声誉高，形成了“出口畅、进口旺”的良好局面。

学院办学条件优越，现有华为网络设施设备实训室、综合布线实训室、网络安全实训室、计算机通识课实训室、软件技术实训室、大数据技术实训室、计算机拆装实训室、广告艺术设计实训室、原画创作工作室、计算机学生创业实训室、学校1903工作室、学校信息技术大师名师工作室等23个校内实训室，固定资产达2000多万元。

学院毕业生就业前景良好。学院始终贯彻以市场需求为导向的办学方针，坚持走校企合作、工学结合办学之路，与100多家企业开展深入的校企合作关系，建立了长效、稳定的校外实践教学基地，实现了与企业岗位需求零距离接轨。学院毕业生就业率稳定在95%以上，专业对口率在82%以上，为社会培养和输送了大量专业技能过硬、职业素养优良的IT专门人才。近年来，应届毕业生参加“专升本”考试捷报频传，其中有很多学生被湖南科技大学、吉首大学、长沙学院、湖南财政经济学院等学校录取，不少学生凭借省技能竞赛一等奖顺利升本。

二、师资队伍建设

学院拥有一支治学严谨、德才双馨、阵容整齐的“双师型”教师队伍，现有教职工48人，其中教授（正高级职称）2人，副教授（副高级职称）14人，硕士学位以上33人，在读博士2人，外聘具有丰富实战经验的兼职教师10名。

三、学科与专业建设

学院现有软件技术、计算机应用技术、计算机网络技术、大数据技术、广告艺术设计5个专业，在校学生3000余人。大数据技术和广告艺术设计专业是教育部（省级）“1+X”试点专业，上述5个专业都是国家现代学徒制试点专业。同时，学院还在积极开展数字媒体交互设计“1+X”证书、大数据应用开发（Java）“1+X”证书、融媒体内容制作“1+X”证书试点工作。

四、教学与教改成果

近年来，学院教师在各类国家级比赛中获得奖项 8 项，在各类省级比赛中获得奖项 60 项，主编或参编了各类教材 20 种。

五、科研与学术交流

近年来，学院教师承办国家级职业教育工程项目 2 项，省级项目 12 项，发明专利 6 项，发表学术论文 80 余篇。

六、学生工作

近年来，学生在各类国家级比赛中获得奖项 4 项，其中，学院在 2021 年全国职业院校技能大赛高职组“电子产品芯片级检测维修与数据恢复”荣获二等奖，在第十三届“蓝桥杯”全国软件和信息技术专业人才大赛获国赛三等奖。在各类省级比赛中获得奖项 50 余项。

七、社会服务

信息技术学院组建了 2 个服务团队：农业信息技术社会服务团队和广告设计社会服务团队。近年来，信息技术学院主要针对洞口县岩山村、泸溪县三角潭村 2 个村发展的实际需求，就网站建设、网站运营、电子商务、农村信息化建设、美丽乡村墙绘等方面的工作，开展了信息咨询与技术服务，助力乡村振兴。

开设由学生自主运营的 1903 设计工作室，为社会企业提供商业广告、影视广告、新媒体广告、活动策划等服务，提升自身技能，回馈社会大众。

八、在职副高级以上职称人员名单

正高：曹虎山、高建华

副高：刘爱民、刘国彦、鲁恩铭、洪新建、伍文运、罗清、张静、胡晶晶、张阳、鲁漫红、谢振华、刘智臣、朱小兵、曾滔

人文科学学院

一、学院概况

人文科学学院前身为学校的基础课部。2009 年成立人文科学系，2017 年更名为人文科学学院。学院现有空中乘务、旅游管理和商务英语 3 个专业，曾开设过文秘（已停招）和休闲农业经营与管理专业（2016 年调至植物科技学院）。

二、师资队伍建设

学院现有教师 64 人，其中校内专任教师 52 人，校内兼课教师 15 人。学院有教授、研究员 2 人，副教授、高级讲师 11 人，校级专业带头人 2 人，校内专任教师中硕士学位 38 人，占专任教师总数的 73%。

学院目前共有 18 名教师为学院“双师型”教师及培训对象。近年来人文科学学院教师每年至少有 2 人参与国培、省培项目，同时派出教师参加校内外进修、培训、交流，绝大部分教师参与了企业的挂职锻炼。

三、学科与专业建设

人文科学学院目前有空中乘务、旅游管理和商务英语 3 个专业，在校生 1034 人。空乘专业是全国“1+X”空中乘务职业技能等级证书考核站点。

学院建立了大量的学生校外实训、实习与就业基地。目前合作企业有南方航空、海航集团、厦门航空、深圳航空、昆明航空、奥凯航空等 10 余家航空公司；另有长沙机场、深圳机场、厦门机场等 7 家机场，还有湖南空港实业有限公司、中外运湖南分公司、高捷航运物流等多家航空货运公司，厦门国旅、明珠国旅、研学猫、中青旅等多家旅行社，世界之窗、海底世界、方特集团等多家景点企业，华天集团、徐记海鲜、隆华国际酒店、北辰集团、喜小馆等多家酒店餐饮服务企业。

学院校内实训设施较完备，有航空模拟舱、空乘 VR 实训室、模拟导游室、餐饮实训室，语音室、机房、形体室等校内实训中心 9 个，还开设有跨境电商导师/创客工作室，礼仪服务工作室。

为进一步提高办学水平，培养出符合市场要求的技能型人才，学院与省内外近 20

家知名企事业单位建立合作关系，双方就专业建设、顶岗实习、学生就业、学生技能竞赛培训、教师实践锻炼、企业员工培训、合作开发研究项目等内容开展合作。

四、教学与教改成果

近年来，学院教师在省级教师教学能力比赛中获得奖项 4 项，省级教学成果 1 项，教育科学研究优秀成果奖 2 项。

五、科研与学术交流

近年来，学院教师共获得省级项目立项 18 项，发明专利 22 项，公开发表论文 100 多篇，其中 SCI 5 篇、EI 2 篇，出版专著 16 本、主编教材 10 种、参编教材多种。

六、学生工作

学院学生的管理工作，围绕“立德树人”目标来不断推进学生管理工作进行改革和创新，以党建带团建，根据“点多线长面广”的特点，牢牢把握到课率、学生宿舍 6S 建设的两个抓手，针对学风建设和第二课堂活动 2 个着力点精准发力，全方位开展社会主义核心价值观教育，积极开展学生思想政治工作。加强辅导员队伍建设，发挥学生班级的组织者、引领者和服务者作用，诚心尊重学生，真心关心学生，耐心引导学生。学生就业率一直保持在 95% 以上，学院多次获学生教育管理先进集体等荣誉，培养了一批德智体美劳全面发展的高素质技能型人才。学院学生管理注重提高学生综合素质，鼓励学生个性特长发展，学生在各种活动中表现出色，获得诸多荣誉。近年来，学院学生在各类国家级比赛中获得奖项 4 项，在各类省级比赛中获得奖项 50 余项。

七、社会服务

学院注重培养教师的民族精神、时代精神和社会责任感，引导教师积极主动地为地方经济建设、区域社会和行业发展服务。语文教研室教师积极投入到语言扶贫工作中，通过提高贫困人口的国家通用语言文字能力，助力学生的就业创业。

近年来，学院李翠芳老师参与湖南省扶贫办主办的创业致富带头人培训班以及高素质农民教育培训班的教学，多次为全省的种植养殖大户共 2000 余人培训电商直播带货语言艺术，李翠芳老师由此入选湘农科教云系统专家库，多次为十八洞村的景区讲解员培训普通话及导游讲解技巧，效果显著。除此之外，她还为吐鲁番职业技术学院制订了教师普通话训练与测试的授课计划，为线上教师普通话培训奠定了基础。

肖宁宁老师为吐鲁番职业技术学院学前教育专业学生做线上普通话测前培训。

陈一鑫老师主讲的“乡村旅游面对面”直播课进入乡村旅游发展公益讲座。同时作为湖南省导游资格证考试湖南考区现场面试的考官，他还致力于为湖南省导游人才的培训选拔服务。

陈一鑫、杜鹃、李翠芳等教师加入浔龙河乡村振兴培训专家库，为长沙地区休闲农业与乡村旅游人才的培养贡献力量。

李翠芳、庄洁两位测试员作为隆平高科湘农科教云平台的授课专家，制作了普通话训练的微课发布在云平台上，不断加大推普力度。

在由学校承办的省级致富带头人等农民培训中，学院肖宁宁、李翠芳两位测试员推出了《普通话语音基础》《提高口才水平，助力农产品销售（直播带货）》《提高口才水平，助力农旅融合》等课程，年培训学员达3000余人。

为进一步服务行业企业，数学教研室深入企业行业进行调研并为企业员工进行培训，2022年为相关企业累计进行员工培训超1000人次。

八、在职副高级以上职称人员名单

教授：单武雄、向晓

副教授：何跃飞、曾莲英、向俊峰、陈定宏、陈一鑫、黄翠华、肖宁宁、刘慧君、刘红贵、张仲珍、粟利萍

马克思主义学院

一、学院概况

2021年5月，马克思主义学院在原思想政治理论课教学部（2006年成立）基础上提升而建，属于独立设置的教学科研二级机构，由党委书记直接联系分管。17年来，马克思主义学院已形成一个组织机构健全，战斗力非常强的部门，打造出一支作风优良、素质过硬的思政课专兼职教师队伍，在思政课教学管理方面形成了一系列规章制度，积累了一定的成功经验。特别是2017年以来，学院深入贯彻落实全国高校思想政治工作会议精神，大力实施思想政治理论课质量提升工程，构建了科学的教学管理质量提升制度，努力建好建强思政课程。学院连续7年在学校的综合督导考核中名列前茅，是学校的先进集体。

二、师资队伍建设

现有专任教师33人，其中教授2名，副教授11名，讲师13名，助理讲师7名。湖南省“楚怡教学名师”1人，省思想政治教育先进个人2人，省青年骨干教师3人，省访问学者1人。黄芳主持的思政教学团队获湖南省思政教育专业教学创新团队。

三、学科与专业建设

目前，马克思主义学院共开设课程27门，其中公共必修课程7门，包含《习近平新时代中国特色社会主义思想概论》《思想道德与法治》《毛泽东思想和中国特色社会主义理论体系概论》《形势与政策》《大学生职业生涯规划与就业指导》《创业基础》《心理健康》，均为国家统一规定课程。同时重点围绕习近平新时代中国特色社会主义思想，根据党史、国史、改革开放史、社会主义发展史，宪法法律，中华优秀传统文化等方面设定课程模块，开设了《中共党史》《新中国发展史》《湖湘红色文化史》《习近平与大学生朋友们》《中国近代人物思想漫谈》《中国传统文化与大学生礼仪修养》《大国三农》《中华农耕文化》等选修课程20门，以习近平新时代中国特色社会主义思想为中心的思政课程体系群日臻完善。

四、教学与教改成果

马克思主义学院强抓思政课程建设和日常教育教学管理，建立健全集体备课制度、听课制度、新教师培养制度等一系列制度建设，充分发挥思想政治教育的主渠道作用，全力推进习近平新时代中国特色社会主义思想“三进”工作，在师生中广泛开展“小我融入大我”“党的二十大和我的人生路”“奋斗青春号”大思政课等系列主题活动，广泛开展微电影、微宣讲、大学生讲思政公开课、研究性学习竞赛等活动，并取得了丰硕的成果。近几年来，教师在各级各类思政教学竞赛中荣获省赛一等奖7项，二等奖14项，三等奖16项，其中黄芳、黄凌、黄子晨等创作的“藤蔓的青春”在教育部第五届“我心中的思政课”微电影展示竞赛中获全国特等奖和最佳摄影奖，同时获第七届湖南省短视频大赛特等奖，省网络视听大赛二等奖；黄芳等同志主要参与的“传承修业精神，创新与实践三纵三横的文化育人模式”项目获湖南省职业教育教学成果奖二等奖；黄凌等同志主持的“湖湘红色文化融入高职思想政治教育实践教学路径探析”获第五届湖南省教育科学研究优秀成果奖三等奖；简宾指导的“我的青春遇见你”获湖南省青年大学生视频文创节百佳作品；贾劲松“致敬二十岁的你”等2部作品入选全国高校庆祝中国共产党成立100周年原创精品档案。

五、科研与学术交流

2018年以来，马克思主义学院教师获校外省级以上科研项目60余项，校级课题立项40余项，出版教材和著作12种，发表论文100余篇。马克思主义学院连续3年被评为科研先进集体。

六、学生工作

学院成立“习近平新时代中国特色社会主义思想青年研习社”，在大学生中开展系列理论研究与实践，辐射师生万余人，跻身全国百强社团。学院以青年研习社、环境保护协会、青年志愿者协会等社团为依托，与思政课教学内容相结合，开展理论研学和“行走的思政课”课程试点改革，组织开展了习近平新时代中国特色社会主义思想研读、乡村调研、参观红色基地等一系列实践活动。“寻访校史人物”“讲好党的故事”“弘扬雷锋精神”等主题实践活动在校内外产生深远影响。近年来，思政教师指导学生参加思政竞赛获国家特等奖1项，最佳摄影奖1项，优秀奖3项，获省特等奖

1 项，一等奖 6 项，二等奖 3 项，三等奖 8 项。

七、社会服务

学院与湖南农业大学、汽车工程职业学院、长沙市教科院、长沙市芙蓉区教科所、浏阳市教科所、长沙市实验中学等学校开展大中小学集体备课工作，探讨各个阶段的学生思想特点，大力推进我省大中小学思政课一体化建设。先后与湖南农业大学、东湖街道滨湖社区、榔梨街道花园党总支、金托村、金山休闲等相关企事业单位签订了联学联创协议和对口合作协议，新建了实践教学基地群，形成了三条稳定的移动实践教学路径。学院深入乡村开展“弘扬家国情怀”“传承红色基因”主题实践和“助力乡村振兴”志愿服务，典型事迹被学习强国、三湘都市报、红网等媒体报道 50 余次。

八、在职副高级以上职称人员名单

教授：许辉、黄芳

副教授：黄凌、陈卫群、戴园园、王婷、贾劲松、宋迎进、谢强、周丰、施光荣、喻穹、毛频

体育与艺术课教学部

一、学部概况

体育与艺术课教学部成立于2008年12月，主要承担全校公共体育课与艺术课教学、体育竞赛、大学生体质测试、阳光体育运动推广、体育场馆管理与服务、学生体育社团建设与管理及全院体育、文化艺术指导工作等任务。课部下设体育中心、体育教研室、艺术教研室、竞训教研室。体育场馆硬件设施处于省内同类学校先进水平，拥有室内外教学、训练、比赛场地近5万平方米。课部全体员工在体育教育、训练、群体、社会服务等领域发挥着重要的积极作用，是一支团结协作、有战斗力、勇于奉献的优秀团队。

二、师资队伍建设

课部现有在编教职工25人，其中专任教师18人，另有兼职、外聘教师16人。其中，副教授7人，讲师9人，助教5人，硕士10名，一级裁判员15人。教学、行政管理人员6人。

三、学科与专业建设

课部在承担公共基础课程教学的同时，还开设了跆拳道、健美操、花样跳绳、素质拓展、美术、书法鉴赏、影视、音乐鉴赏等12大项目的体育与艺术类选修课。另外，课部还组织和训练学院各代表队、学生合唱团，丰富校园文化生活。在教学上，注重特色，加快发展，为学院改革与发展做贡献。

四、教学与教改成果

课部多渠道、多途径、全方位打造师资队伍，积极探索创新教学，全力提升教学质量，取得不错成绩。近年来，在省内参加各类比赛获得多项荣誉。

五、科研与学术交流

课部以体育艺术教学工作为中心，以群体艺术竞赛活动和科学研究为重点，以体育艺术学科建设为龙头，积极探索创新教学新路子，努力培育良好的课堂氛围，全面提高体育与艺术课程教学质量。近年来，课部教师在各级学术杂志发表论文40多篇，主编教材2种，参加省级、市级、校级课题研究14项。

六、学生工作

课部成立后，在学校领导大力支持下，体育竞技水平快速提升，参赛项目也由单一的女足项目逐渐扩大到田径、男篮、男排、游泳、花样跳绳等项目。女足取得了湖南省大学生高职高专组比赛的9连冠，田径、游泳、花样跳绳在比赛中取得过5金3银的好成绩，“三大球”均进入省大学生比赛前8名。

七、社会服务

为全面贯彻实施《体育强国建设纲要》《关于促进全民健身和体育消费推动体育产业高质量发展的意见》等文件精神，实现学院体育场馆社会资源共享共用，提高学校体育场馆使用效益，学院的体育场馆中心协办了“温暖微行动、国标公益百校行”全国体育舞蹈公开赛（湖南站）、湖南省直机关、省农业农村厅、长沙市、芙蓉区和学院周边等单位团体各类赛事30余项，假期开办篮球夏令营、跆拳道培训班等培训活动，更好地满足广大青少年学生和人民群众便利参加体育健身活动的需求。

八、在职副高级以上职称人员名单

副教授：周铭华、陈曙全、邓明、石书平、郑佐雄、肖君林、杨宝莲

继续教育学院

一、学院概况

继续教育学院现有专职工作人员16人，是集职业技术培训教育、成人学历教育、高等教育自学考试及社会组考于一体的专门办学机构，负责学院除全日制以外的教学、培训和成人学历教育工作。成立以来，学院坚持以服务“三农”为宗旨，为全面实现乡村振兴战略提供全方位、高质量的教育培训项目。如今，学院已经形成具有较大规模、规格齐全、形式多样的培训格局，先后承担了农业农村部“全国农牧渔业大县局长轮训班”、省农业农村厅“基层农技人员培训班”“湖南省农民田间学校师资培训”和“高素质农民培育工程”、省扶贫办“创业致富带头人培训班”及省畜牧水产局、省农机局、陕西省和广西壮族自治区农技干部培训、援藏培训等数十个培训项目，十几年来，共为社会培养各级各类人才6万多名。

学院先后被授予“全国十佳优秀农民创业培训基地”“全国新型职业农民培育示范基地”“农业部现代农业技术湖南培训基地”“农业部管理干部学院培训基地”“湖南省农业技术培训中心”“湖南省农业系列专业技术人员继续教育培训基地”等荣誉。

多年来，学院始终坚持“学员至上、服务至上、教学至上”的理念，规范管理，为学员提供了良好的学习和生活环境。学院交通十分便利，环境优美，绿树成荫，四季花香。学院拥有专业的培训团队，能承担并圆满完成不同类型的培训任务。

二、师资队伍建设

现有教职工基本情况：在职16人，高级政工师1人，副教授1人，高级农艺师1人。中级及以上职称13人。

三、社会服务

十几年来，学院始终坚持以服务“三农”为宗旨，为全面实现乡村振兴战略提供全方位、高质量的教育培训项目。截至目前，学院共承担部级、省级主要培训项目6个，累计培训各类农村实用人才60000余人次，2013年至今承担高专、专升本学历提升班的培训近2万人次，其中中组部“农村实用人才带头人和到村任职选调生示范培训”1200人次、农业农村部“耕耘者振兴计划专题培训”240人次，“全国农牧渔业大县局长轮训”102人次、省农业农村厅“全省基层农技人员培训”和“湖南省农民田间学校师资培训”25530人次，省农业农村厅“湖南省高素质农民培育”5136人次、省扶贫办“全省创业致富带头人扶贫培训”18768人次，省乡村振兴局“全省乡村振兴致富带头人培训”4361人次、省畜牧水产局“省畜牧业重点培训”604人次，另有学校双高建设武陵山片区农业特色产业领军人才培训项目、与浙江大学共同培育“头雁”项目及省农机局、陕西省和广西壮族自治区农技干部培训、援藏援疆培训、农业部中国—利比里亚“南南合作”培训项目等数十个培训项目。

四、在职副高级以上职称人员名单

高级政工师：唐宋成

副教授：黄新文

高级农艺师：雷晓英

附录2 校歌歌词释义

湖南生物机电职业技术学院校歌

1=C $\frac{4}{4}$

（合 唱）

金 沙 词
孟 勇 曲

♩= 112 奋发向上地

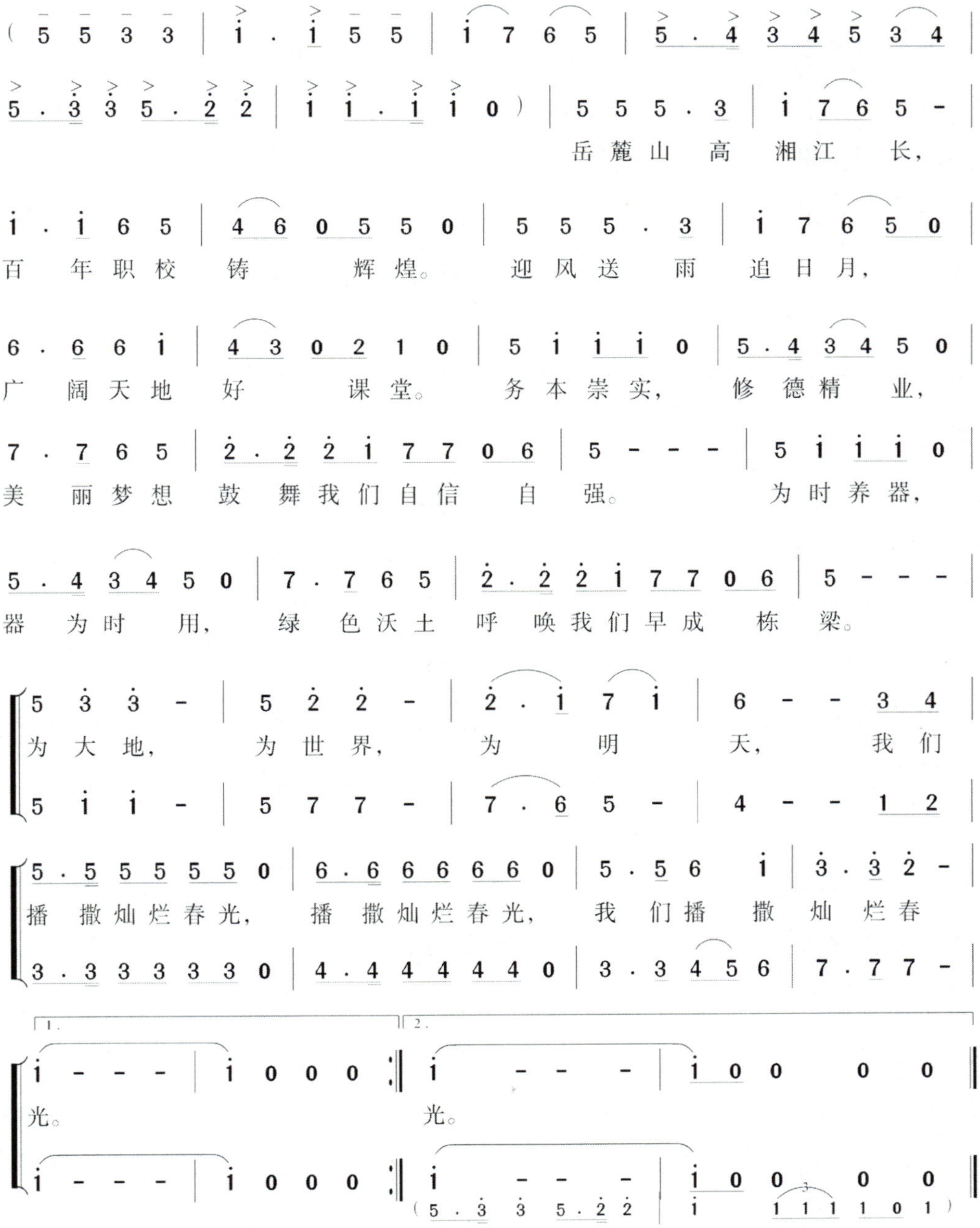

歌词全文：岳麓山高湘江长，百年职校铸辉煌。迎风送雨追日月，广阔天地好课堂。务本崇实、修德精业，美丽梦想鼓舞我们自信自强。为时养器、器为时用，绿色沃土呼唤我们早成栋梁。为大地、为世界、为明天，我们播撒灿烂春光。

这是一首以七言绝句加两个四、四、十二字长短句加一个三、三、三、八字句式搭配生成的歌词。整首歌词共85个字，平仄工整，对仗整齐，歌词高亢激昂，极富张力；歌词中共有三字、四字、七字、八字和十二字五种句式，长短结合、搭配适宜，音韵错落有致、节奏感强，铿锵有力。

“岳麓山高湘江长”，首先给出了湖南生物机电职业技术学院（以下简称“学校”）的地理位置，引出地域文化。学校地处长沙城东（原址为城南高家码头），与岳麓山隔湘江水相望。岳麓山南接衡岳，北望洞庭，东瞰滔滔湘流，西临茫茫原野，由丘陵、低山、江、河、湖泊、自然动植物、书院、文化古迹、近代名人墓葬、革命纪念遗址等组成，堪称湖湘第一名胜。湘江发源于湖南省永州市的九嶷山麓，上游称潇水，零陵以北开始称湘江，向东流经永州、衡阳、株洲、湘潭、长沙，至湘阴县入洞庭湖后归长江。全长817千米，流域面积92300平方千米，是湖南省最大河流，为长江主要支流之一。学校以岳麓山为父、以湘江水为母，培养和哺育着一代又一代的修业学子，他们犹如岳麓山般刚强坚毅，气节高雅；如湘江水般浸润万物，奔流不息、奋勇向前。

“百年职校铸辉煌”反映了学校悠久的办学历史与深厚的文化底蕴。学校始建于1903年的“湖南省私立修业学堂”，办学迄今为止已有120周年的历史。学校成立之初，即以“开启民智、教育救国”为己任，以“兴邦救国、创办实业教育”为立校之本，从1918年开始，学校即确立了职业教育的发展道路，故名“百年职校”。学校在发展职业教育的道路上群星璀璨，创造了辉煌灿烂的办学成绩：黄兴、徐特立、毛泽东曾分别在学校担任体育、国文和历史教员，在修业学校的历史上留下了光辉的一页；学校办学40周年校庆时，时任“中华民国”总统蒋中正、教育部长陈立夫为学校亲笔题词；学校还培养了毛泽覃、欧阳立安等革命烈士，培养了王首道、沈其震等栋梁之材，为推动国家建设和促进社会进步输送了一批又一批的优秀学子。

“迎风送雨追日月，广阔天地好课堂”使用的是比喻的修辞手法，与前面“岳麓山高湘江长，百年职校铸辉煌”一脉相承、相得益彰，构成的七言绝句简练精致、大气磅礴。“迎风送雨追日月”一方面是指学校的农业职业教育特点，师生风里来雨里去，日出而作，月出而归，日复一日、年复一年地从事与农业生产一致的教学科研活动。另一方面，“迎风送雨”则暗指学校办学的艰难历程及风雨无阻无悔的坚韧决心和毅力，“追日月”是师生对于理想、事业、学业的一种浪漫追求与表达。“广阔天地好课堂”一方面是写实，指广阔天地都是学校师生学习与实习的场地，是师生学习成长的“炼炉”与“好课堂”。另一方面，将广阔天地当作课堂，言语中透露着一股凌云壮志的豪迈与大气凛然的气概，同时“广阔天地”也喻指师生施展才华、发挥作用的舞台和空间非常辽阔。

“务本崇实、修德精业”是学校校训。“务本”指学校要务“育人”之本，培养德、智、体、美全面发展的高素质技能型专门人才。作为农业高职学校，必须务“三农”之本，以服务“农业、农村、农民”为根本，为行业、区域经济社会发展做贡献。师生要务“做人”之本，做一个具有高尚道德情操、有益于社会和人民的人。“崇实”指全校师生员工要崇尚科学，追求真理，认识世界，探索规律，实事求是，诚实守信，说实话，干实事，鼓实劲，朴实无华。“修德”指学校师生要崇尚君子人格，学习、培养高尚的道德情操，养成良好的职业道德，追求美好境界。“精业”旨在倡导全体师生员工要克服急功近利的浮躁心态，耐得住寂寞，踏踏实实攻专业，勤勤恳恳学技能，一心一意搞钻研，认认真真去实践，爱岗敬业、勤学苦练、精益求精，精通专业，提高技能，实现从优秀到卓越的跨越。

“为时养器、器为时用”，是学校办学宗旨，来自办学早期教育部所赠匾额。“时”与农耕文明相关联，有时令、时机、时势、时事、时期、时代之义，也专指特定时代的国家和社会，乃至世界；“器”指器具、度量，也专指人才、才能，如大器晚成、器重。“为时养器”语出传统文化经典《礼记》、名著《三国志》，也见于《宋史·苏轼传》。学校从创办修业学堂起历经120年，历任领导和一代又一代师生，从革命救国到实业报国，奋斗不懈，矢志不移。在当代，修业精神薪火相传，就是要为时代、为国家、为社会精心培养具有高素质的技能型专门人才。“器为时用”，这里的“器”更强调专长与实用性，所谓“用人如器，各取所长”。学校与时俱进，培养的人才服务于时代，服务于社会，服务于“三农”，为国家所用。学校将主动适应区域、行业经济和社会需求，在不同的历史时期，根据不同时代的历史特点，培养一批又一批立足于时代潮流、为时所用的优秀人才。

“美丽梦想鼓舞我们自信自强”和“绿色沃土呼唤我们早成栋梁”两句是歌词中比较直白的表达。每一句都是一个完整的现代汉语语句，主语、谓语、宾语、定语、补语五个要素俱全。两个句子中的谓语分别采用了“鼓舞”和“呼唤”两个动词，使整个句子变得十分刚劲有力，振奋人心。而“自信自强”和“早成栋梁”两个补语又进一步充分地表达了师生要自信自立、自强不息、成才报国、大展宏图的坚定信心与毅然决然态度。特别值得一提的是两个句子的主语都融入了非常具有时代气息的理念和词语。第一句的“美丽梦想”既是学校自身的梦想，也是对习近平总书记提出的“中国梦”的一种自觉贯彻与诠释，一种深入落实与呼应；第二句中的“绿色沃土”不仅是指农业、农村和土地，更是对“生态”与“绿色”文明的真诚渴望与支持。

“为大地、为世界、为明天，我们播撒灿烂春光”。这句是歌词的最后一句，也是最具号召力、震撼力和感染力的画龙点睛之作，道出了学校广大师生员工发自内心的心声。“为大地”可以简单理解为了农业，还可以引申为为了大地万物、为了国家、为了民族、为了人民。“为世界”既指学校原名誉院长、世界杂交水稻之父袁隆平院士，为全世界粮食安全与全人类幸福做出了不朽业绩与功勋，也在这里表现为学校广大师生面向世界的一种博大宽广的胸怀、气魄与精神境界。“为明天”是指为了梦想和未来，为了明天的美好生活，为了明天的学校辉煌，为了明天的农业发展，等等。“播撒”是指学校秉承崇朴尚实、习劳耐苦的传统，为广泛培育各种人才、普及与传承文明而付出的艰辛劳动和努力，“春光”表面字意指春天的景致，如春光明媚。“春”为一年四季之首，代表希望与种子，“光”是阳光、时光，代表光明与前途。“我们播撒灿烂春光”唱出的就是只要我们为了梦想播撒出春的希望与种子，付出艰辛劳动并不断努力，就一定能够收获美好灿烂的光明与前途。

附录3 学校理念体系

文化主线：和·实

学校愿景：弘扬湖湘文化、践行隆平精神的华夏职教名校

学校精神：凝心聚力，创业创新

校训：务本崇实，修德精业

校风：知行相融，与时俱进

教风：品正业精，言传身教

学风：诚朴勤奋，砺能强技

办学宗旨：为时养器，器为时用

办学方略：以内涵求生存，以开放谋发展，以特色铸品牌

办学特色：开放办学，五业并重；科技为先，文化引领

培养目标：具世界眼光、蕴中国梦想、有一技之长的现代湘楚学子

管理原则：规范有序，执行有力；文化浸润，激发活力

人才理念：广聚贤能，善育善励，人尽其才

服务理念：以人为本，用心为上，服务到位

政风：勤政廉洁，高效民主

誓言口号誓词：学校宣言，学校口号，教师誓词，学生誓词

【文化主线】

1. 定义

文化主线以特定的主题词表达文化的根本价值和诉求。文化主线是整个文化系统的核心、主脉所在，也是文化元素之间相互区别的最深刻的原因。文化主线具有观念性、层次性和历史性，是学校文化发展的灵魂指引，对学校文化发展有着鲜明旗帜的统领作用。

2. 文化主线

和·实

3. 阐释

（1）“和”是天人合一哲学思想的简练表达，内蕴中国传统文化的精髓，也是当

代中国构建和谐社会、提出“和谐世界”的理论基础。

“和”，从口，禾声，寓意“民以食为天”，反映了源远流长的农耕文明，体现了湖南生物机电职业技术学院（以下简称“学校”）的农业特色。

“和”具有多层次的内涵：天地人统一，即人与自然和谐；民族、国家与社会统一，是一个和谐整体；人与人之间的人际关系和谐；人自己身心和谐。

孔子提出“礼之用，和为贵”，“君子和而不同”。古代和谐思想产生了深远的影响：人们处世提倡“和睦相处”，待人注重“和蔼可亲”，做生意信奉“和气生财”，干事业希望“和衷共济”。从个人的修身——身心平衡、协调健康，到齐家——家庭和睦，“家和万事兴”，再到治国——上下和顺、长治久安，最终达到平天下——睦邻友好、“协和万邦”。

学校由长沙农业学校与湖南省机电工程学校两所学校合并升格而成，离不开“和”文化的润泽，更需要用“和”文化凝聚人心、鼓舞士气、形成合力，大力提升学校的办学水平和整体实力。

（2）“实”在汉语中有丰富内涵，自汉代始就有成语“实事求是”。它历久弥新，薪火相传，在当代中国具有重大的理论意义和实践价值。

“实”原义为内部完全充满，没有空隙，延伸为真实、实际、实效之义，体现了理论与实践、学术研究与实际应用的统一，即古人所谓知行合一。这与“务本崇实、修德精业”校训相契合，寓意学校传承教育救国、实业救国的办学思想。

“实”有朴实、务实之义，符合湖湘地域文化特征。学校弘扬自近代以来崇尚朴实、实干兴邦的人文精神，秉承先辈“习劳、耐苦”等优良传统，办学目标都是为国家和地区培养高素质的技能型人才。教职工和学生大都来自农村或基层，朴实扎实，勤奋实干，节俭戒奢，图强兴国。

“实”还有果实、种子之义，延伸为殷实富足之义，含有农耕文明的特质，是精耕细作、风调雨顺等条件下的产物，影响着中华民族的生存方式，塑造了我国历史悠久的民族耕读文化。学校以“为时养器、器为时用”为办学宗旨，通过“时”与“器”，既充分彰显了农耕文明、耕读文化，又表达重视培养人才、使用人才的治校理念，并在以后的办学实践中将理念落到实处。

“实”是修业精神和隆平精神的内核，也是涉农专业和机电类专业的共同性、连接点，符合现代职业教育的特点和发展思路。“实”融入学校文化的方方面面，必将有力推进教学育人、学术研究、文化传承、服务社会等各项工作。

（3）“和”与“实”，分而独立成篇，合而浑然一体。“和实”一词，既有深厚的文化渊源和底蕴，又对当前和今后学校文化建设具有重要指导意义。

“和实”，语出“和实生物，同则不继”（《国语》），“和”体现了大自然各种因素搭配协调，有活力而实在，能够创生万物，“同”则指与生物规律相违背而不繁衍。因此，事物的不断生成，不断丰富，不断发展，就是“和”的不断呈现，也是“实”的不断展现。由自然界到人类社会，儒家“和而不同”、“生生不息”思想是对“和”与“实”的最好诠释。

“和”为基础、前提，“实”为主干、主体，犹如一棵大树分为根系和主干，好似一座大厦有地基和主体。辩证地看，“和”而“实”乃成其为君子之和，“实”有“和”乃成其为正人之实，和实兼有、相依，相辅相成，知行融合为一，方成为贤达。

学校将“和·实”作为文化主线，既注重原有历史文化的挖掘、继承和弘扬，又倡导在现实教学、科研、服务社会中与时俱进，创新致远。这就要强调科技为先，特色办学，工学结合，校企合作，走出一条具有自身特色的办学之路。

总之，学校是一所具有百年历史的老校，文化底蕴深厚，以“和·实”为文化主线，源自学校一百多年来积淀而成的务本崇实的优良办学传统，源自湖湘地区崇尚朴实之风的地域文化；同时，近年来适应教育改革发展的形势，原两所职业学校合并而成新的湖南生物机电职业技术学院，尤其需要大力倡导团结、和谐、合作良性生态环境，用学校文化凝心聚力，面向未来。学校要塑造品牌，必须立足农业特色，弘扬务实精神，将“和·实”融入理念文化、视觉文化、行为文化、环境文化等各个层面，付诸于学校文化建设实践，团结进取，努力提升，创办国内一流高等职业院校。

第一部分　基本理念

【学校愿景】

1. 定义

学校愿景是学校未来发展的愿望与前景，也是描绘学校长远战略目标的纲领性蓝图，是全体师生的共同追求。

2. 学校愿景

弘扬湖湘文化、践行隆平精神的华夏职教名校

3. 阐释

弘扬湖湘文化：仁者乐山，智者乐水。滚滚湘江，流淌着湖湘文化的血脉；岳麓山中，蕴藏着半部民国历史。湖湘文化，具有渊源深、文脉广、灵气足的特色与优势。源流悠久，连着深远的中华民族农耕文明之源；文脉广大，湖湘学人的兼容并蓄

催生了地域文化的繁盛；文气自生，湖湘文人得自秀山慧水之灵而文气十足。学校内沐浴着湖湘文化气韵，浸润着“惟楚有材，于斯为盛”的文化精蕴，透显着尚实求新、知行合一的精神特质，承传着“经世致用、敢为人先”的文化基因，富有忧国忧民的济世情怀。

践行隆平精神：“杂交水稻之父”袁隆平质朴、率真、智慧、大气，拥有平凡而超众的人格魅力，体现了中国当代杰出知识分子的精神品质，具有卓越的时代教育意义。学校要求师生学习并践行袁隆平百折不挠的民族精神，不畏艰难困苦，为中华民族赢得尊重与荣誉；践行其实事求是的求真务实精神，勤于实践、勇于探索；践行其与时俱进的创新精神，终生致力于科技创新，日新日进；践行其情系民生、惠泽苍生的爱国忧民情怀，立足湖南，心系百姓，服务“三农”；践行其团结和谐、朝气蓬勃的团队精神，以德为先、和为贵，重视发挥集体的智慧和力量。学习和践行隆平精神，最终靠的是同心兴校，落实于务实兴邦。

华夏职教名校：沐浴着湖湘文化气韵，惠承着隆平精神的文化滋养，作为一所以质量立校的现代化省属示范性高职院校，学校在多年的办学实践中，顺应时代发展潮流，坚持办学特色化、专业品牌化、管理规范化，依托行业、对接产业、办好专业、融入企业、服务农业，不断提高办学质量，更新教育业绩。在当前和今后的发展过程中，学校以文化为引领，强化科技为先，广大师生凝心聚力求发展，上新台阶，挖内潜，争资源，树形象，积极创建职教特色品牌，努力成为全国领先的高等职业教育名校。

【学校精神】

1. 定义

学校精神是学校在长期的办学实践中自觉提炼的、被学校全体成员认同的精神支柱，它对学校师生具有导向和激励的作用。

2. 学校精神

凝心聚力，创业创新

3. 阐释

凝心聚力：凝心聚力是学校内部大力弘扬与加强贯彻落实的精神文化。对此，中华传统文化经典中有许多表达，例如《论语》讲“礼之用，和为贵”，《孟子》重视“天时地利人和”，《周易》说“二人同心，其利断金；同心之言，其臭如兰”，“同声相应，同气相求”，“唯君子为能通天下之志”等。成语有“和衷共济”“同舟共济”。俗语说得更直白：“人心齐，泰山移”“家和万事兴”“和气生财”。当代中国共产党人汲取传统文化精华，将构建社会主义和谐社会作为阶段性目标并写入党章。无数事实表明，在一个团体中，人与人之间只有相互尊重，才能团结和谐；只有团结和谐，才能形成合力；只有形成合力，才能更好地干事创业；只有干事创业，才能拥有兴旺发达、梦想成真的可能。因此，学校每一位师生应都将思想和力量集中起来，心往一处想，劲往一处使，同心同德，追求卓越，共创新高。对教师而言，人人需要凝信心、凝决心，聚实力、聚合力，心怀和融进取之意，忠诚于教育事业，奉献自己的心血和精力，培育满园桃李。对学生而言，人人要凝专心、凝恒心，聚智力、聚毅力，共同学习知识，刻苦练习技能，积极主动探索，为幸福人生奠基，为美好明天铺路。

创业创新：业，一般指事业，涵盖各行各业。在社会，有企业和公共事业。在学校，老师教书育人是事业；学生学业有成、成才，是为了在社会就业，最终落实于成就一番事业。创业，就是指人们运用知识和能力，通过实践与创新，从无到有、从小到大，开创事业、成就功业的过程。在当今时代，学校秉承实业救国、务实兴邦的优良传统，在广大师生中倡导向建校历史上的先辈楷模学习，弘扬隆平精神，鼓励人人立志创业，将事业学业与创业实践结合起来，主张干事创业、成才报国。学校重视创业教育，积极推进创业职业规划，提倡教师引导和帮助学生提高就业创业的积极性，提高学生的现代职业意识，启发创业思路，拓宽创业视野，培养创业能力，提高创业素质，形成特色创业模式。学生通过体验创业实践的酸甜苦辣，增强创新意识、市场意识、风险意识，培养坚韧顽强、百折不挠的意志和吃苦耐劳、不轻言放弃的精神。

创新是国家和民族发展的不竭动力，也是学校不断发展、追求远大理想的恒久动力。《礼记・大学》云："苟日新，又日新，日日新"，《易传・系辞》云："富有之谓大业，日新之谓盛德"。这启迪全体教职员工和学生坚持以创新文化为引领，培养超前意识，日新而执着，探索而有恒，让职业教育焕发出勃勃生机，逐步实现华夏高等职教名校的愿景。

"凝心聚力，创业创新"作为学校精神，贴切地反映了"和・实"文化主线，与校训"务本崇实，修德精业"的主旨具有一致性。学校在管理层、教工队伍、学生中广泛而深入地传播学校精神，在日常教学管理和实践中推动学校精神的贯彻与落实，必将有力地推动各项工作做出成效，向着华夏高等职教名校的目标奋进。

【校训】

1. 定义

校训是长期办学形成的、对学校全体成员具有规范、警策与导向作用的基本理念，它能概括学校的整体价值取向、独特气质、文化底蕴，蕴含于师生的道德理想、人格特点和历史责任。

2. 校训

务本崇实，修德精业

3. 阐释

务本：《论语·学而》曰："君子务本，本立而道生"，就是说，君子专心致力于基础工作，基础树立了，"道"就会产生。孔子认为，君子应坚守为仁之根本，"本"确立起来，才会有做人之"道"。农业为立国之本，关系国计民生。学校作为以农立校的高职学校，必须务"三农"之本，传承农耕文明和耕读文化，弘扬实业救国和教育救国精神，为生民请命，为行业、区域经济的发展做出贡献；学校要务"育人"之本，确立教育教学工作的基础地位，及时根据时代变化更新办学理念，以理念变革推动构建合作多赢的开放办学体系，促进农林牧渔等行业向现代化转型，培养全面发展的高素质技能型人才；全体师生要务"做人"之本，立仁重义，以德为先，涵养品德，在实践中不断磨砺提高自己的技能，奠定事业之基、人生之基。

崇实，即尊重实际、崇尚真实、求真务实。学校的前身是初创于1903年的修业学堂，当时办学条件简陋、艰苦，生存举步维艰。在办学早期，一批勤奋忘我的前辈为学校生存和发展做出了无私的奉献，修业"启明星"周震鳞、"磨血人"彭国钧、"老黄牛"姚舜生，就是其中杰出的代表。面对种种困境，全体教员和学员团结一心，从自身实际出发，明确了追求真理、学以致用、开启民智等办学思想。历经百余年的风雨，学校在挫折中成长，逐渐从修业学堂、中专职校发展成为立足长沙、享誉湖南的高等职业院校。在新时期，学校继往开来，秉承"崇实"的优良传统，将百年办学财富积淀与现代职业教育思想密切融合，注重教学、生产和科研相结合，为湖南和全国培育大批专业型、技能型人才。

修德精业：修德即修养德性、德行。《管子》有言："道德当身，故不以物惑"。中国传统文化一贯注重修德，提倡人人以德修身，修心炼己，增进美德，修己立人。精业，指人们应当专注于自己的职业、事业，精心用心，尽职尽责，把事情做精做细，成就一番功业。古人曾告诫说，业精于勤，荒于嬉。

"修德"在当下，启发学校师生崇尚君子人格，自觉学习先贤，修得高尚人品，养成良好的职业道德，无愧于国家和时代要求，追求人生完美境界。"精业"在当下，倡导师生员工克服急功近利的浮躁心态，耐得住寂寞，经得起诱惑，踏踏实实搞业务，一心一意去钻研，勤勤恳恳学技能，认认真真来实践，爱岗敬业，精益求精，提高技能，逐渐把敬业与精业变成一种习惯，自觉实现从优秀到卓越的跨越。

修德精业，寓意学校具有高度的文化自信和文化自觉，倡导以社会主义主流价值观和优秀民族文化为引领，加强育人工作，浸润师生心灵，涵养师生性情，引领各项事业发展；广大师生用品德、智慧和勤奋铺就自己的成长成才之路，用良品善行铸就成功事业，创下人生辉煌，在为学、治学之路上不断地成就自我、超越自我。

学校以“务本崇实、修德精业”为校训，坚持百年职业院校之本，弘扬优秀民族文化之魂，融合湘湖地域文化，高扬隆平精神。校训十分自然地体现了倡和重实的文化主线，与“为时养器、器为时用”的办学宗旨相契合，精蕴一致。在两者的引领与启迪下，经过多元渗透、相互包容，学校逐渐形成知行相融、与时俱进的校风，形成了良好的教风与学风。

【校风】

1. 定义

校风是学校风气的总称，包括师生的学习、工作和生活作风，学校积淀的传统文化氛围，以及在学业探索中所形成的风气。它能体现学校的办学理念、育人方针和管理特色。

2. 校风

知行相融，与时俱进

3. 阐释

知行相融：知，指知识、认识、科学理论；行，指做事、修养、实践活动。知与行，是中国古代哲学的一对重要范畴，从先秦到近代许多思想家就两个概念的内涵、二者关系问题（先后、难易、轻重等），展开了复杂的讨论，提出了众多的学说，例如：明代哲学家王守仁提出“知行合一”；明末清初大思想家王夫之批评王守仁是“销行以为知”，提出了“行可兼知”“知行相资以为用”“并进而有功”的知行合一观；革命先行者孙中山也主张知行合一观，他强调“知难行易”；著名教育家陶行知、蔡元培，都坚持知行合一观，深刻论述并高度重视职业教育的价值和意义。

具体到学校教育，“知”与“行”两个概念分别泛指专业理论和技术应用。在职业教育过程中，知与行，二者既相互联系，相互依存，又相互渗透，相互融合，相互转化，相辅相成。知行相融，意为行中有知，知中有行，是知行合一观的体现。师生不仅要认识，尤其应当实践，只有把知与行统一起来，才能称得上人才。知与行相融、合一，是湘楚“耕读文化”的重要特质。陶行知说：“行是知之始，知是行之成。”在他看来，“亲知”，即从“行”中得来、亲身得来，而不仅仅是“闻知”，从师得来，或从书本得来。求学要重视实践，应在实践中理解知识、融合知识、掌握知识、探求新知。

作为培育高技能人才的职业院校，学校秉承“知行相融”的办学思想，一方面主张专业理论学习与技术技能掌握并重，不能割裂两者的辩证关系，顾此失彼；另一方面，鼓励、支持全校师生把学到的知识和技能应用到实践中去，在身体力行中精技强能，学以致用，这样才能充分发挥专业优势和特色，实现教育教学和社会需求的零距离、学生能力和岗位需要的零距离。通过实践抓教学、对准市场设专业等教育理念的引导，全校师生灵活地运用所学专业技术，积极探索，勇于创新，通过实践深化所学知识和技能，提高自主学习、合作沟通等多种综合能力，并善于涉猎其他专业技能，成为适应时代发展的复合型人才和行业精英。

与时俱进：《周易》非常重视“时”，最早提出“与时偕行”思想，主张人在天地之间应当把握好、运用好“时”的精义。当代中国共产党人汲取传统文化精华，提出与时俱进是马克思主义的理论品质，并将其纳入党的思想路线，十六大报告明确表述为“坚持党的思想路线，解放思想、实事求是、与时俱进，是我们党坚持先进性和增强创造力的决定性因素”。

与时俱进，即观念、行动和时代一起进步。就是说，准确把握时代特征，始终站在时代前列和实践前沿，始终坚持解放思想、实事求是和开拓进取，在大胆探索中继承与发展。作为一种新的时代精神，与时俱进和湘江流域“百舸争流”的文化内核相一致，反映了百年老校自信开放、敢为人先的思想观念、境界追求。学校自办学以来站在时代前列和实践前沿，在办学实践中充分发挥优势和特色，在继承中发展，积极探索新路子，推动办学之路永远散发着生机与活力，学校的教育质量也一直在稳步提升。教师掌握先进、前沿的教育思想和教学方法，不断更新和充实自己的知识储备，增加自己的涵养，强化自己的技能；学生则努力吸收最新的知识，温故知新，使自己的知识、技能适应社会进步的需要。与时俱进，要求全体师生以自强不息的精神勇于拼搏、不怕吃苦；以舍我其谁的自信和气度执着前行、超越自我；以誓争一流的精神勤于进取、果敢行动；以身处逆境不自弃的傲然之气，攻坚克难、永不言败。

校风“知行相融，与时俱进”符合职业院校的办学特色，它与“务本崇实、修德精业”的校训一脉相承，与“凝心聚力、创业创新”的学校精神相一致。这三者作为学校的主要理念，从不同侧面贯彻与体现了“和·实”文化主线，并与主线、校训等共同融汇成学校精神文化的主脉，反映了广大师生的价值观、人生观。

【教风】

1. 定义

教风就是教师在治学态度、教学育人、科学研究等方面形成的良好风气。

2. 教风

品正业精，言传身教

3. 阐释

品正业精：品，品质、品德、品格；业，学业、职业、事业、功业。品是立身、立世的基石，业是成才、成功的阶梯。时时修德正品，方可养成君子品格；处处诚心敬业，才可成就卓著功业。德高为师，身正为范，业精称专。学校广大教职工诚心敬业，以德润身，正品精业，敢于负责，勇于奉献，不断完善自我，塑造完美人格；同时，以雅正之品成为学生身边的表率，以良好的形象影响和感染学生。教师在“修业”中既掌握广博而扎实的学科理论知识，又注重通过实践磨砺专业技能，不断提高创新能力，精益求精，努力成为“双师型”教师。

品正，促进技能之精专；业精，彰显人品之雅正，两者相互促进，相辅相成。品正业精，寓意德不厌高，养而至善；业不厌精，修而有成。学校要求教师德能兼修，两者并重，不可偏废。

言传身教：言传，用言语传授；身教，以行动示范，二者相统一，即不仅用言语来教导，更用行动来示范。孔子两千多年前首创私学，广收弟子，言传身教，因材施教，启发教学，教学相长，德智体美，全面育人，留下千古佳话，赢得万世仰慕。当代职业教育应尊圣贤，仿先哲，创新篇。

知行相融、合一，这是职业教育的本质。职教院校教师既要努力使自己的学问广博而深厚，具有理论教学的基本素质，也应当具备实践教学的素养，躬身于行。传道、授业、解惑，继承古之师风；敬业、爱生、善教，塑造今之师魂。学校倡导教师敬业爱岗，树立终身学习的意识，主动发展，精进业务水平，掌握教育新方法、新技艺，不断提升自己的育人水平和能力。教师之间，既要有竞争意识，又要加强合作，共同创新。师生之间，相互切磋，教学相长，共同分享，共同提高。

教风“品正业精，言传身教”，既体现了教师立人先立己的为师风范，又体现了教师传道、授业、解惑的为师责任。“和·实”文化主线的包容、中和、务实、求真等基本元素蕴含其中，教风是文化主线在其中一个侧面的外延展开和完美诠释。

【学风】

1. 定义

学风就是学生在学习过程中应该养成和遵循的风气，它同样是学校文化的重要组成部分，是学习效果和成人成才的保证。

2. 学风

诚朴勤奋，砺能强技

3. 阐释

诚朴勤奋：《礼记·中庸》说："诚者，天之道也；诚之者，人之道也。""诚"即真诚、诚信、诚实、忠诚之意，是儒家正心、诚意、修身、齐家、治国思想的起点。"朴"，源于《老子》："见素抱朴，少私寡欲。"原指未细加工的材料，喻指不加修饰。"朴"有朴实、质朴、朴素之义，是一种良好的人格品质和生活态度。真诚朴实，是进德之本，修业之基，是校训"务本崇实"的应有之义。学校百年来积淀的"诚朴"人文素养激励着学子诚实做人，尊师守纪，诚信做事，忠诚于国，无形中影响着学子自觉养成质朴无华、淳朴善良的美好品质。"勤奋"是学业进步的源泉，是创业、创新的基础。勤能补拙是良训，一分辛劳一分才。学校以农立校，先辈以耕读文化为基础形成"习劳、耐苦、崇朴、尚实"的优良传统，启迪一代又一代学子勤奋努力，成才与创业。在当代，学校大力高扬隆平精神，要求学子们勇于探索，追求真理，勤学苦练，立志成才报国。

砺能强技：砺，原义为磨刀石，《荀子·劝学》说："木受绳则直，金就砺则利"，后来，引申为动词，意为砥砺、磨砺。能，能力、本领之义。"宝剑锋从磨砺出，梅花香自苦寒来"，"砺能"，体现了学校注重实践能力、动手能力培养的办学思想，彰显了工学结合、校企合作的培养模式，鼓励学生走到社会、企业和田间地头，参与生产，增长见识，将自己磨炼成为具有专业技能的应用型人才，成为社会需要的精专人才。

"技"即技术、技能、技巧，"强技"指增强技艺，提高技能，练就一身看家本领。强技是职业院校学子立足社会、兴校报国的根本。《庄子·养生主》云："臣之所好者道也，进乎技矣。"此处说的是庖丁经过长期训练，使得解牛之技能达到了游刃有余、炉火纯青的地步，由此过程悟出的道理和规律，即"道"进乎"技"，"技"入乎"道"，这就是强技的境界，强于技，胜乎技。学校是一所高等职业技术教育院校，要求学子在学习过程中将掌握知识与苦练技术并重，努力提高技能，不仅要在专业知识和技能上刻苦钻研，而且要精益求精，有一技之长，达到人无我有、人有我优、人优我精的境界。

第二部分 办学理念

【办学宗旨】

1. 定义

办学宗旨是学校在开展教育教学活动中应始终秉承的思想、理念与原则，它对学校的办学理念和育人取向有着重要的指引作用。

2. 办学宗旨

为时养器，器为时用

3. 阐释

源于早年教育部颁给湖南私立修业学校的“为时养器”匾额。“器”本义指器具、器官，引申为气量、度量、才能，在这里专指具有特长与实用性的人才。“时”，本义指较长的一段时间，如体现农耕文明特色的四时、时节、时令等，又蕴含着时机、时势、时事、时期、时代等深意，在这里借指处于特定时代的国家和社会。

深受农耕文明润泽的中国传统文化，非常重视“时”。历来被誉为“大道之源”的经典——《周易》，也是如此。《周易》崇尚变易，主张奉天明时、顺天应时，最早提出了“与时偕行”的思想，强调人在天地之间应当把握好、运用好“时”的哲理，重“时”尚“变”，有所作为：在事物刚出生的力量薄弱阶段，需要“待时”；事物有所发展利于行动阶段，应当“解时”；事物发展已经成熟达到全盛，需要“时中”；事物进程达到终极不能维持平衡，应当“革时”。《周易》“时”的哲学，对中国自古迄今的政治、社会、文化产生了广泛而深远的影响。

学校谙熟“时”与“变”的哲学精义，自首创修业学堂以来，直至当今“五业”并举办学，把顺应时代、服务时代看作高职院校的天职，确立了“为时养器，器为时用”的办学宗旨，走出了一条具有自身特色的办学之路。这可以概括为两点：一是因时而变，顺时而动。学校深刻认识到高职院校面临的时势处于风云变幻之中，时代对办学者经常提出考验与挑战，其强烈震撼和最大启迪，就是必须通过校企深度合作，创新办学体制机制，改革人才培养模式等途径，实现学校专业链、人才链与产业链的有效对接，为高职教育开辟一片新天地。二是动在时先，领先时代。时代的快速变化、飞速发展，要求学校的教师所教、学生所学的专业及其内容不仅必须适应社会，而且应当超越、超前于时代，这就要求必须要以科技变革为先手，以学校办学以来的文化主线为引领，改革办学模式。培养专业人才由产业链低端向高端发展，专业服务领域从产中向产前、产后两端延伸。总之，只有击水中流，努力做到学校围着市场转、专业围着产业转、人才培养围着需要转，并且做到观念超前、理念创新、科技创新、文化引领，高等职业教育才会有生机与活力，才会有破旧立新的动力与聚优成势的能力，才能在时代的风雷中激扬核心竞争力，才能实现高等职业教育的可持续发展。

为时养器：语出传统文化经典《礼记》、名著《三国志》，也见于《宋史》等古籍。《礼记·曲礼》提出“养器”，即供养人的饮食器具。《吴越春秋》中的“为君养器，臣之事也”，有培养人才之意。《三国志·吴书》说：“古者建国，教学为先，所以道世治性，为时养器也。”在这里，为建设国家，重视教育、培养人才之义已经十分清晰。《宋史·苏轼传》说的就更明白：“轼之才，远大器也，他日自当为天下用。”

“为时养器”作为办学宗旨，首先，蕴含着学校的办学历史与发展历程。学校从创办修业学堂起，历经120年，历任领导和一代又一代师生，善于把握时势，从革命救国到实业报国，奋斗不懈，矢志不移。在当代，“修业”精神薪火相传，就是要为时代、为国家、为社会精心培养具有高素质的技能型专门人才。同时，这个办学宗旨彰显着职业教育的育人成才之功。“为时养器”，即与时俱进，为时代培养所需要的人才，揭明教育是为国家培养人才的宏大事业，也是学校社会责任感的最好体现。学校应顺应职业教育发展新要求，旨在培养知行合一，富有爱国心和责任感的时代新人，培养适应经济和社会发展需要的各类技能型人才。

器为时用：即学校所培养出来的人才能够适应时代需要，服务于社会，报效于国家。“器为时用”作为办学宗旨，首先体现出职业教育适应社会与时俱进的时代要求。国家在各个时期面临不同的形势和任务，建设时代不同于革命时代，大的建设时代又分为不同时段，因而需要不同特点不同类型的人才涌现，为社会发展服务。学校一贯坚持与时俱进的办学宗旨，明确办学目标，致力于培养为国家所用的人才。修业学堂建校之初，便培育救国英才，如革命家毛泽覃、欧阳立安等；后来培养出医学家沈其震、著名的政治家王首道；20世纪三四十年代，培养出夏爱民、黄君贻、李佑民、彭道秀等有全国影响力的稻种专家；新中国成立之后，学校顺时而动，因时而变，主动适应区域、行业经济和社会需求，在不同时期，根据不同特点，培养一批又一批立足于时代潮流、为时所用的优秀人才。

同时，这个办学宗旨彰显出高素质人才对社会、对时代的功能效用。高素质技能型人才是社会所需要的，也是学校重点培养的。走出校门的各专业学生的素质高低，与企业、行业的发展休戚相关，影响着国家和社会的发展，也影响着学校的声誉。学校立足于湖南，面向全国，情系于时代，积极培养知行相融兼有一技之长的高素质人才，对提高行业创新力、促进区域经济发展、推动时代进步具有积极的推动作用。广大学生接受着富有行业特点、职业特点和岗位特色的职业技术教育，全面提高自我学习能力、创新能力、竞争能力和创业能力，力求在实践中服务于时代，服务于社会，服务于“三农”，在时代竞争大潮中为整个社会大发展贡献才智和力量。

【办学方略】

1. 定义

办学方略是从学校的现实形态中高度概括出来的，为提升学校的核心竞争力而着重实施的方针和策略。

2. 办学方略

以内涵求生存，以开放谋发展，以特色铸品牌

3. 阐释

以内涵求生存：事物生存的根本在内部因素，即内涵。以内涵求生存，对于企业、事业单位，对于各级各类学校，都具有特别重要的意义和价值。面对职业教育发展的机遇和挑战，狠抓内涵建设，提高办学质量，夯实发展根基，增强核心竞争力，已经成为职业教育学校生存的必然选择。学校经过思考和研究确定，今后的发展重点在稳定规模、优化结构、重视文化、加强科研、注重创新，走内涵式发展之路上，办好人民群众满意的职业技术学校，面对竞争和挑战切实解决学校生存问题，更好地实现可持续发展。学校通过准确定位、注重内涵、突出优势、强化特色，加快高水平平台建设，积极构建与湖南农业产业链相对接的“种、养、加、机”专业体系，关注园林与园艺技术、畜牧兽医、模具设计与制造、机电一体化等特色专业和精品专业，逐渐走出一条以内涵求生存的办学之路。

以开放谋发展：事物发展除了内部因素，外部因素也是必不可缺的条件。争取和利用外部条件的有利优势，就必须对外开放，而不能闭门自守。高职教育的培养目标是技能型人才，是面向社会、企业生产第一线急需的高级技术专门人才。这一培养目标的职业属性决定了学校必须面向社会，面向基层，面向生产第一线，走开放式办学之路。开放是一种视野，要求学校高屋建瓴，审时度势，做出正确选择；开放是一种心态，引导学校用理智从容、积极应变之心寻求发展；开放是一种品格，启发学校和而不同，海纳百川，包容万物，实现新发展。学校在办学实践中要秉承高等职业教育的开放式办学传统，坚持“请进来，走出去”的战略选择，在继承传统的基础上创新办学理念。这就要体现教学计划的开放性、师资队伍建设的开放性、办学形式的多样性、教学过程的动态性、人才培育的时代性等特点，使高职教育的每一个环节都展现出开放性的特征。学校重视资源整合，实现专业交叉互通，拓展校内办学空间；同时，顺时而动，积极争取校外资源，敞开大门办学，吸引社会各方面尤其是企业参与办学，强强联合，不断拓展开放办学的空间，实现互利共赢，创造新的辉煌。

以特色铸品牌：品牌是质量，是品格，是形象，是声誉，是力量。特色是与同类

事物相比较而显现出来的独特之处，即人无我有，人有我优。特色品牌是任何类型的学校在当今教育激烈竞争中占得先机的不二法门，湖南生物机电职业技术学院也不例外。学校自成立以来，一贯坚持以特色铸品牌的方针和策略，确立了立足湖南、面向市场、服务社会的办学定位，在专业设置、合作办学、人才培养等方面追求特色，重视科技发展和文化引领，先后与三一集团有限公司、株洲太子奶集团、隆平高科等20多家企业开展校企合作，逐步形成了以“专业+企业+职业”三业联动为特点的人才培养模式，在教师及学生的共同努力下取得了丰硕的成果。在今后的发展之路上，学校将长期坚持特色办学方略，挖内潜，争资源，塑品牌，树形象，根据实践需要丰富完善已有特色、不断探索新的特色，使学校在日趋激烈的高等职业教育竞争中永远立于不败之地。

【办学特色】

1. 定义

办学特色是一所学校在办学实践中形成的、区别于同类学校的鲜明特点，昭示着今后的发展方向和提升战略。

2. 办学特色

开放办学，五业并重；科技为先，文化引领

3. 阐释

开放办学，五业并重：开放是一种观念，一种思路，一种出路。面对现实竞争与未来发展，学校以市场为导向，积极构建合作多赢的开放办学体系，对准市场设专业，建立、健全以农为主、符合湖南经济社会发展需要的校企融合、协调发展的专业体系。学校解放思想，创新思维，拓展办学空间，激发办学活力，“搅活”一池教育“春水”。学校借助全方位、多层面、立体化的开放办学模式，通过校企合作、国内联合与国际交流等方式，全面提高学校的办学质量和水平，增强可持续发展能力与综合竞争力。

作为一所底蕴深厚的百年老校，一所现代化综合性高职院校，学校紧紧围绕“时”字做文章，依托行业、对接产业、办好专业、融入企业、服务农业，走出了一条具有自身特色的办学之路。学校立足所在区域，坚持产学研结合，在依托行业、对接产业的实践中创造出了工学、农学相结合的教学模式；从自身特色出发，积极服务“三农”，为经济社会发展培养高素质现代农业人才；从硬件和软件方面不断提升办学实力，以高品质奠定发展基石，增强学校服务市场、融入企业、指导生产的能力；办学始终走在职业教育的前列，使师生掌握最新、最先进的理论知识和实践技能，随着时代进步不断更新和完善院系与专业的设置，让教师把握教育发展趋势，使学生成为适应未来社会需求的复合型人才。

科技为先，文化引领：科技为先，是学校在现时代最显著的办学特色，也是学校提升办学水平的关键所在。在当今世界，科技是第一生产力，重视和发展科技是强国富民的必由之路，也是教育兴校育才的重大战略。学校办学确立科技为先，就是要把科技作为兴校育才的关键，在广大师生中大力倡导自觉主动地学习和掌握现代科学理论、新技术、新方法，尤其是农业、生物、机电领域的新科技；就是要将现代科技融入教学育人、学术研究、文化传承、服务社会的各个方面和环节，发挥科技的巨大力量与显著作用，大力提升学校办学水平和办学实力。

文化引领，是学校办学特色鲜明的呈现。在中国当代以及未来，文化在社会发展中的地位与作用越来越重要，文化是生产力这一点已成为越来越多人的共识。学校百年校史凝练成以“和·实”为主题的丰富而厚重的文化，学校文化与源远流长的农耕文明、博大而崇实的湖湘文化、当代富有创新的隆平精神以及实业报国的企业文化融合在一起，汇聚成为学校未来发展的宝贵精神财富。学校办学就是要认真挖掘和提炼这些精神财富，大力继承、传播、弘扬这些精神财富，广泛运用和发展这些精神财富，引领学校各项事业全面发展，努力实现强校富民、再塑辉煌、创全国名校的愿景。

【培养目标】

1. 定义

培养目标是学校所肩负的育人使命，体现了学校培养的学生所具备的基本素质。

2. 培养目标

具世界眼光、蕴中国梦想、有一技之长的现代湘楚学子

3. 阐释

具世界眼光：从中国传统天下观到现代世界观经历了一个嬗变，自近代西学东渐以来，古老中国开始变天下观为世界观。从鸦片战争后魏源“开眼看世界”到当今的改革开放，从世界新航路开辟到经济全球化，历史规律和严峻现实都启迪当代人，尤其当代青年学子应当具有全球视野，胸怀天下。“具世界眼光”就是指当代中国高校包括高职院校培养的人才，应当具有开放意识，拓宽视野，了解世界前沿动态，学习掌握最新知识和技能；要有赶超先进的勇气和不断创新的精神，紧跟时代步伐，打破国界局限，与国际接轨，走出去与引进来互生互长，相得益彰。学校践行隆平精神，学子们应当紧跟世界潮流，敢为天下先。

蕴中国梦想：习近平总书记提出“中国梦”，即实现民族伟大复兴，就是要实现国家富强、民族复兴、人民幸福、社会和谐，这是中华民族近代以来最伟大的梦想。中国梦是全民族的梦，也是每个中国人的梦。梦想变为现实，需要每个人的努力。

“天下兴亡，匹夫有责”，当代高等职教学子，应当将中国梦想时刻蕴于心中。学校百年孕育光荣革命传统，从革命救国到实业报国，涌现了一大批为实现民族独立和富强的伟大历史人物。当今学子们继承前辈的中国梦，为实现国家现代化和民族复兴而发奋读书。今天立志修身习艺，明天匡时报国。

有一技之长：良好的技能和素质是将先进的思想观念加以贯彻落实的关键。在当今知识大爆炸时代，各种新知识、新技术层出不穷，令人应接不暇，甚至无所适从。青年学子在学好专业理论知识、不断提高自身修养的基础上，特别要努力掌握当代社会与企业所需要的技能，精心练就一两门技术，力求一专多能，全面提高综合素质，适应社会对工作能力的多元化要求。谚曰：一招鲜，吃遍天；积财千万，不如薄技在身。一招薄技尚且能抵万贯钱财、走遍天下，那具备突出的能力和长技，自然能够立身成才、成就功业。对于自己擅长的技能，不能浅尝辄止，满足于现状，要用顽强毅力不懈地学习，精研苦练，熟练掌握，为全面提高求职从业能力作准备。有一技之长，方能立足社会，找到适合个性发挥的空间；有做事成事能力，方能走遍天下，发挥自己的优势，迎来大的发展。为此，学校不断提升教学质量和科研实力，追求专业品牌化，强调实践与技能，致力于培养拥有一技之长的学子。

现代湘楚学子：学校地处湘楚大地、山水洲城，湘江为带，岳麓为屏。湘楚文化犹如湘江之水源远流长，特别是近代以来，湘楚文化辉耀华夏，长期以来孕育了尚朴务实、创新进取、报效家国、心忧天下的情怀与气质。现代学子是具有现代视野、现代技能、现代特质的新型学子，能够接受新知识、新思想，掌握新技能、新方法，适应新环境，迎接新挑战。学校秉承厚重的百年文化流韵，弘扬湘楚文化，致力于培养既有湘楚人文特质又有现代思维的社会主义建设者和接班人。

第三部分　管理原则

【管理原则】

1. 定义

管理是实现各种要素有机结合的关键，管理是把各种优势变成现实的桥梁。学校在管理过程中所依据的法则和标准，就是管理原则。

2. 管理原则

规范有序，执行有力；文化浸润，激发活力

3. 阐释

规范有序、执行有力：规范，突出的是科学管理原则和内容，它涉及多个层面，诸如师资队伍、教学流程、学生管理、后勤保障等方面。执行，强调的是管理效率和效果，它注重上述方面的从严管理、从严治校，确定的方针规则要不折不扣地贯彻落实。学校积极构建科学管理模式，努力实现管理的秩序化、高效化。无以规矩，不成方圆，完善的学校制度可以为学校的发展保驾护航，使学校的发展目标更加明确，保证政令畅通、工作有序、效果显著。

同时，学校倡导民主管理，注重人性化理念，保持人际交流畅通，定期向师生征求学校发展的意见和建议，为其才智的发挥提供广阔平台；充分发挥师生的主观能动性，吸收部分师生参与学校管理工作；在管理过程中融入感情，彰显人文关怀。

文化浸润、激发活力：文化代表了一所学校的底蕴，是学校办学经验的总结、办学特色的升华，也是引领学校长期发展的核心动力。学校将百年校史积淀、地域文化、教育理想熔铸在学校发展过程的始终、教育事业的方方面面，强化文化的带动作用和浸润、辐射作用，让学校文化引领管理、教学和服务等各方面。学校充分发挥文化的功能和作用，将制度管理、科学管理、民主管理综合运用，统筹协调，为确立新的思维、工作、学习和生活方式奠定文化基础，让学校可以革故鼎新，聚优成势，激发活力，追求办学特色，积极打造华夏职教品牌。

【人才理念】

1. 定义

人才理念也就是学校的用人观念、用人思想。全面的用人观应该包含四个方面：充分尊重人才，广泛发掘人才，精心培育人才，放手使用人才。

2. 人才理念

广聚贤能，善育善励，人尽其才

3. 阐释

广聚贤能：贤者，即指有品德有德行的人；能者，指有才能有能力的人。学校快速而稳健的发展，需要质量上乘、数量充足的人力资源做保障。以德为基选才，使教职工队伍更具人格魅力；以能为准选才，使整个教职工团队更具执行力。学校广聚优秀人才，择贤用能，使人才队伍结构合理、质量可靠，为教学、科研、管理、服务社会各项工作的科学发展提供源源不断的动力。

善育善励：善育，指学校制定人才培养制度，实施教师成才工程，善于培育各学科优秀师资，全面提高教学科研能力。善励，指学校深入挖掘内部资源，积极争取外部资源，整合优势教育资源，采取薪酬激励政策，定向教育培训、外出学习等方式，让不同学科、不同年龄的教师都能获得特长发展，使人人都能成才，个个都能获得职业提升。学校加强教师队伍建设，不断引进青年教师，实行“老带新”传帮带，让年轻人肩负责任和重担，快速成长成才。

人尽其才：教职员工的学科、学历、职称、级别各异，从事的工作性质、岗位不同，但都是为学校生存、发展而工作，贡献力量。学校重视教职员工的专业与岗位的匹配程度，力求适才适位，尤其重视发挥每个人的特长和优势，发挥其潜能和激情，努力使人人能够找到最合适自己的岗位，人人尽其才。同时，在教育教学和服务社会实践中，每个人都受到锤炼，个人能力得以提升。

【服务理念】

1. 定义

领导的工作就是为教师服务，学校的工作就是为学生健康成长服务。这是学校各级领导对教职员工，全体教职员工对学生及其家长应遵循的理念。

2. 服务理念

以人为本，用心为上，服务到位

3. 阐释

以人为本：在学校中的服务，包括管理者对广大师生和教职工对学生两个层次。学校坚持以人为本，管理层为广大师生的教学、科研和生活创造有利条件，提供优质服务，建设和谐温馨校园，提升幸福指数。教师创新教学模式、教学情境，追求幸福的教育生涯。学校以学生为主体，以学生发展为本，教师以教书育人为天职，使职业教育实现对人的全面关照，关心学生，爱护学生，使其获得一技之长，实现职业理想。

用心为上：用心是做好职业教育的必要条件，是为教师服务使其安心工作、为学生服务使其学专技精的重要保证。唯有用心，才能使职业教育科学而和谐的发展成为现实；唯有用心，才能让教师在“为时养器”的道路上行以致远，取得教书育人的新佳绩；唯有用心，才能让学生的智慧、人格、才能、潜质得到充分发展，成人成才。

服务到位：无论是管理层对广大师生的服务，还是教职工对学生的服务，都以服务到位为准则，致力于奉献热情与执着。每个管理者和教职员工，对工作多一点责任心，对学生多一点爱心，对教研多一点热心，对社会多一点奉献，使职业教育更好地培育学生成才，更好地履行“器为时用”，服务于社会的使命。

【政风】

1. 定义

学校党委、行政、院系、各职能部门及其管理干部的工作准则、行为操守、作风、氛围等。

2. 政风

勤政廉洁，高效民主

3. 阐释

勤政廉洁：勤政是中华民族的传统美德，也是领导干部应当具备的职业素养。业精于勤是对敬业者的肯定，天道酬勤是对勤勉者的赞美。在职业教育事业中，学校管理班子应秉承勤政务实的作风，牢固树立责任意识，抓住学校发展的第一要务，勤奋踏实、吃苦耐劳，不动摇、不懈怠、不折腾，在现有任期内做出一番成绩，使整体工作上一个新台阶。每位领导干部都要一心扑在干事创业上，扎实工作，勤勉奋发，争做敬业的表率，勤勤恳恳创佳绩。廉洁是传统文化对官德的基本规范，也是千百年来百姓对为官者的热切期盼。屈原《楚辞·招魂》："朕幼清以廉洁兮，身服义而未沬"，指公正不贪，清白无污。学校管理层从校领导班子到系领导班子应牢固树立廉洁意识，坚持做到光明正大、廉政奉公，凝心聚力于职教事业的新发展。同时，管理干部人人都要强化道德修养，严于律己，洁身自好，拒斥偏私，做到清清白白做人，堂堂正正做事。晚清重臣曾文公有言：轻财足以聚人，律己足以服人，量宽足以得人，身先足以率人。当前，习近平总书记强调领导干部要自觉"照镜子，正衣冠"，狠刹形式主义、官僚主义、享乐主义和奢侈之风，落实中央"八项规定"，加强群众路线教育。这都要求学校要加强管理作风、政风建设。

高效民主：在客观条件基本具备的情况下，人的效率是干事创业的关键。高效，在管理层指行政办事效率高、效力大，在机关要求领导干部转变行风政风，提高工作效率。民主，指每个管理干部对事业发展都有权利、义务和责任，敢于和善于建言献策，工作中敢于担当，决不推诿，并将宽容、配合、合作和共进的价值观念贯彻到底。面对激烈的市场竞争和种种挑战，学校着眼于事业发展的大计，重视建设一支高效民主的领导班子和管理团队，提升审时度势的判断能力，提高权衡利弊的宏观决策能力，强化务实操作的执行能力。同时，在领导班子的带领下，每个管理干部都能综合利用天时、地利、人和诸方面条件，充分发挥自己的聪明才干，为学校的持续发展献计献策。学校领导班子是学校发展的领航人，应当重视思想武装，高瞻远瞩，以科学化的决策推进学校的和谐发展；中层干部是桥梁和纽带，上情下达，下情上达，做好疏通，在观念、形象、业务、作风上加强引领作用，团结和带领师生致力于学校事业发展，确保各项工作有条不紊，富有成效。整个管理机关与团队高效运转，各成员关系融洽，切实地履职尽责，提高管理技能，全面提升学校的核心竞争力。同时，树立民主管理理念，应当紧紧依靠教职员工办学，充分发挥教职员工代表大会等自治机构的作用，实现学校决策和各项考评民主化、科学化。

第四部分 宣言口号誓词

【学校宣言】

湘江之畔，钟灵毓秀；岳麓古风，文蕴绵绵。

百年辉煌，务本崇实；知行相融，科技为先。

为时养器，止于至善；器为时用，通时达变。

凝心聚力，富民强院；与时俱进，再谱新篇。

【学校口号】

因时而变，与时俱进。

顺应时代，领先时代，服务时代。

发展为要，不动摇、不懈怠、不折腾。

学校为家，人人是主人，发展靠大家。

读书两件事：修德、精业，二者不可或缺。

【教师誓词】

我是湖南生物机电职业技术学院的教师，我庄严宣誓：

三尺讲台，履行神圣职责。

百年树人，传承文明薪火。

言传身教，慕效春蚕高义。

品正业精，不吝松竹之风。

勤于耕耘，哺育致用之才。

【学生誓词】

我是湖南生物机电职业技术学院的学生，我庄严宣誓：

诚信立人，尊敬师长。

爱校守纪，爱国图强。

勤学苦练，心态阳光。

砺能强技，务实兴邦。

日新日进，成就梦想。

附录4 百年大事记

年度	年度大事记
1903年	长沙明德中学的教员周震鳞先生与12名热血青年学生租南城高家码头为校舍创办的修业学堂正式开学
1904年	黄兴在修业学校以体育教师的公开身份从事革命活动，以黄兴为首，在长沙南门口正式成立了华兴会，周震鳞是华兴会的会员。王桢干奉派赴日留学“速成师范”（黄兴曾留学该校）
1905年	留学日本的王桢干回国接任本校监督。中学部迁水风井胡家花园，仍租民房为校舍
1906年	开办速成师范科2个班，在福星街添招中学预科第一班
1907年	中学部因补助停支不能续办。小学部迁福星街，彭国钧任堂长，雨季，校舍破旧湫隘，师生坚持跣足撑伞上课
1908年	租浏阳门正街聂氏民房为校舍，复办中学，时为本校复兴时期。周震鳞避谤离湘北上，投身辛亥革命，校事托彭国钧主持
1909年	一直在修业教国文的徐特立先生，面对当时政局的腐败，愤怒至极，是年农历10月26日，在给师生作时事报告时，断左手小指血书：“驱逐鞑虏、恢复中华”8个大字
1910年	租马王街马王庙房屋为小学部（现长沙市修业小学）校舍
1911年	马王街后院建板屋四间为教室，中学部完全迁入，并接收浏阳县（现浏阳市）驻省中学一班为本校中学第三班，同年9月，学校师生因参加辛亥革命工作，停课达数月之久
1912年	成立校董会，周震鳞、郭琮翰、王桢干、许推、梅伟杰、彭鼎年、魏先根、周教敷、黄昌濬、何积烺、彭国钧、徐特立、朱剑帆、俞蕃馥、黄海润、辜天佑、李孝仪、姜济寰、王经武、王震东、狄昂人21人为第一届校董。因改办工业，校董会推梅伟杰、许推为工业部筹备员。8月学校原校长彭国钧辞职，校董会推俞蕃馥为校长

续表

年度	年度大事记
1913 年	添设工业部，许推为部长，招家屋建筑科一班。本校续办中学，狄昂人为中学部部长
1914 年	成立校友会。彭国钧复任校长。校董会决定停办工业部
1915 年	学校原校长彭国钧辞职，校董会推黄海润任校长
1916 年	校长黄海润逝世，彭国钧复任校长
1917 年	教育部下文嘉奖“修业学校：以朴诚奋勉养成校风，洵他处反难多观，奖给扁额”，文曰：“为时养器”；“校长彭国钧兼办长郡中学，足为两校楷模”，奖给校长三等褒章一枚
1918 年	学校原校长彭国钧参加教育部关于中等学校校长会议，主张修业改办农业职业学校
1919 年	毛泽东同志被聘为历史教员兼任小学部主事，暗中从事革命活动和接见来访青年，他为《湘江评论》撰写了《创刊宣言》《民众的大联合》等文章
1920 年	修业学校改制为农科职业学校，立足复兴中华，振兴农业，走实业救国之路。同年 12 月，学校购南城外十里新开铺的熊家巷田山 335 亩为农业部校址
1921 年	夏笃材任小学部主事
1922 年	校董会推荐狄昂人负责筹备开办农科班，在新开铺建农科校舍 4 间
1923 年	农业部于新开铺新设植棉、园艺科各一班。学校奉行“实业救国”宗旨。王首道（当时名王芳林）同志就读于园艺科一班，他后来经本校地下党廖长顺等考察介绍，加入了社会主义青年团
1924 年	农业部建筑办公室、教室、膳厅及教员宿舍落成。中学部从马王街迁入新开铺新校。校董会推荐狄昂人为校长
1925 年	高小 22、23 班 52 人及初中第一班 34 人毕业
1926 年	王首道同志毕业后，学校地下党、团组织保送他加入以毛泽东同志为首创办的“广州农民运动讲习所”，从此走上革命道路

续表

年度	年度大事记
1927 年	狄昂人辞校长职，校董会决议设校务委员会，推彭国钧为校务委员长；姚舜生兼农业部主事。农业部设置棉稻试验场，建设厅批准给予每年补助银 4000 元，彭先泽为场长。学校规模形成一体两翼，即以农业部为主体，着重发展中等农业教育，又附设中学部和实验小学部
1928 年	农业部仿日本实科制度设农学实科，招学生一班，又附设实验小学一班，彭先泽兼任农业部主事。在教学方面强调理论联系实际，提倡手脑并用，注重农场实习，根据作物生长季节，师生全程参加农事活动
1929 年	省教育厅为本校正式命名“湖南私立修业农业学校”，并规定 10 月 9 日为校庆日
1930 年	中共三军团在地方武装配合下攻打长沙，（王首道曾参加红军攻打长沙之战役）并取得胜利
1931 年	附属小学部原主事曾一贯辞职，王国焘接任主事
1932 年	设置高级农村师范科。省教育厅通令各县教育局分别选送 2 名初中毕业生来校应试。彭先泽辞职，校董会决定任姚舜生为农业部主事兼棉稻试验场场长
1933 年	30 周年校庆，修业创始人周震鳞先生题书：“习劳耐苦，崇朴尚实”八字校训
1934 年	1934 年 8 月奉教育部令，湖南私立修业农业学校正式更名为湖南私立修业高级农业职业学校，附设实验小学部亦更名为长沙私立修业小学校
1935 年	成立农场办公室，新建稻种仓库，为突出教学与生产、科研相结合的重点，加强经营管理，在湘潭、邵阳、新化、益阳等地区设改良稻种推广工作站
1936 年	成立农村服务社，以改进湖南农业为宗旨
1937 年	增办高级园艺科。省建设厅湘米改进会聘请彭国钧校长为委员，农场原场长姚舜生和技师王太运等参与该会具体工作，推广学校培育的新稻种。抗日战争爆发后，学校师生积极参加抗日救亡活动，徐特立受中央委派，在长沙设八路军驻湘通讯处开展统一战线工作。徐特立十分关心学校，派人了解办学情况，给予师生极大鼓舞

续表

年度	年度大事记
1938 年	奉教育部令和受省湘米改进会之托，与省立高农合办农技人员培训班，培训省立高农、湖滨农校和本校高年龄学生。毕业后分赴各县负责抗战的战时经济工作。因日寇逼近，学校奉令疏散迁至安化酉州，附属小学迁安化黄沙坪，而马王街的校舍在“文夕大火”中被毁，仅存俞黄图书馆
1939 年	招茶业、合作新生一个班，下乡组织“茶农合作社”。添置茶园和经营茶厂，促进了学校的茶业教育、生产与科研
1940 年	为适应战时需要，主办“流动办学”，组织代耕团，设立民众夜校。学校培育的棉、稻优种，参加资江农产品展览会展出，受到广泛的赞誉
1941 年	湘北沦陷，陷区学生百余人家庭接济中断，学校决定：垫借食米；发动生产自救，种菜出售；动员非陷区学生捐助伙食，不足，再求助于社会帮助。学生生活一直安定，学业不辍
1942 年	湖南农业改进所在本校设立棉、稻推广工作站，北京《独立评论》80 号称修业学校“湖南稻作之改良，实修业开其先河”。省教育厅推举周震鳞为修业学校董事长。同年 12 月，产生新董事会
1943 年	校址由安化酉州迁褒家村。所辟农场，划分为园艺、茶业、作物、森林 4 个区，占地数百亩。同年 10 月 9 日，举办了 40 周年校庆活动，蒋中正（蒋介石）为修业学校题词“务本崇实”，陈立夫题词为“民生在勤”
1944 年	美国援华救济联合委员会委托学校办理战后农村重建事宜，组建湖南农村重建委员会。学校原校长彭国钧为主任委员，姚舜生、丁鹏翥、狄昂人及其长沙 3 个教会的外籍人士为该委员会委员
1945 年	日寇投降，本校师生上街游行，庆祝胜利。学校原副校长王希烈辞职，推姚舜生接任副校长
1946 年	学校迁回原新开铺旧址。湖南省政府呈准教育部，评彭国钧等 5 人为教育家，尊为湖南教育界“五老”，各赠羊裘手杖，以资表彰
1947 年	徐硕后担任教务主任，熊则勋任事务主任，李毓榛是军训教官

续表

年度	年度大事记
1948 年	在地下党组织的领导下，修业高农的进步师生开展了一系列迎接湖南长沙和平解放和保护校产与教学设施的活动
1949 年	为迎接解放，师生在地下党支部李艾青、彭秀云、陈学沛等人的领导下，开展护校运动，举行示威游行，发起和平签名运动等一系列活动。彭国钧辞去校长职务，由丁鹏翥任校长，姚舜生任副校长
1950 年	省人民政府决定由省农林厅接办，改名为“湖南省修业农林专科学校”，由李毅之任校长，姚舜生任副校长
1951 年	学校和湖南农学院合并，成为学院的高农部，校址设在长沙市韭菜园，姚舜生为高农部主任
1952 年	学校从湖南农学院分出。根据农人教字〔1952〕第 02702 号文件精神，岳阳湖滨农校并入。中南军政委员会教育部、农林部第 03791 号联合通知，正式命名为“湖南省长沙农业学校”，校长是姚舜生。学校从韭菜园迁到南门外东塘原子建中学校址
1953 年	经长沙市委批复成立长沙农校党支部。詹毓林任党支部书记，刘飞任组织委员，胡濛生任宣教委员，由罗特任校长，姚舜生任第二校长，詹毓林任副校长；同时成立工会，由廖哲民任第一届工会主席
1954 年	郴州农校 2 个农艺班、津市农校 1 个植保班、开物农校 3 个五年一贯制班，同时并入我校。学校从东塘搬往七里庙原财会学校旧址
1955 年	按照上级有关精神，确立学校实行校长负责制。进行教学改革、按苏联模式学生实行国家考试制，成绩以五级分制，毕业生授予初级农学家、初级植物学家等称号。下半年学校开展“肃反运动”，成立肃反领导小组，由 5 人组成，学校原校长罗特任组长
1956 年	学校迁至马王堆，增设土规专业，并开始征购姚家坨为新校址。学校成立党总支，由罗特任书记，刘飞任副书记；成立团工委，由李正一任团委书记，杨光荣任副书记
1957 年	学校迁往姚家坨东湖现址。成立整风领导小组，罗特任组长，组员有周德煌、李正一、刘飞等；开展大鸣大放大辩论，接着开展“反右派”运动。有数名教师被定为右派。在肃反运动中，黄季顺、胡行健被定为反革命分子

续表

年度	年度大事记	
1958 年	学校开办了酒厂、酒精厂、蜂具厂等工厂；学校有育秧器械、播种工具、养蜂设备等，送湖南省第一师范学校参加展览。下半年，因大炼钢铁，学校停课	经湖南省人民委员会批准创办湖南省农业机械化学校，刘计任校长兼党支部书记，学校隶属省农业厅，选址长沙市张公岭至马坡岭之间，学校占地面积 1028 余亩。9 月 8 日首批新生 300 人入校
1959 年	学校制定《长沙农校工作条例》(第二草稿)，并开始贯彻执行中央农业部新教学计划	改善教学条件，建成办公楼、教学楼等 14 个项目，建筑面积 11750 平方米。招收农机化专业学生 300 人，在校学生达 600 人。附属工厂初具规模，开始投产并接纳学生实习
1960 年	经长沙市委文教部批准，长沙农校党总支改选，由罗特任总支书记，刘飞任副书记兼监察委员，周德煌任组织委员，王汉生任宣传委员兼统战委员，李正一任青年委员。学校设置农作、植保、果栽等 8 个专业，学生共达 1288 人。为度过国民经济困难时期，学校采取压缩、分散、下放劳动或回乡等办法，暂渡难关	学校成立党总支委员会，刘计任党总支书记，蒋远任后勤副校长。学校第一届工会组织成立，黄运连任工会主席。学校增设农业电气化和土地规划 2 个专业，并招收中专学生 484 人。年内首开农业机械化专业专科班，招生 96 人，至此在校生规模达 1188 人。由于国民经济暂处困难时期，省农业厅决定将学校一二年级师生 800 多人下放西洞庭农场参加生产劳动
1961 年	学校将 60 年所设 8 个专业调整为农作、植保、果蔬、蚕桑 4 个专业	8 月，下放师生回校复课。根据农业厅决定，撤销农业电气化、土地规划专业和农机化专科班。11 月，成立党总支委员会，刘计兼党总支部书记，副校长蒋运和、赵尚清兼任总支委员。下设行政、教学、工厂 3 个党支部
1962 年	原下放学生陆续返校复课	2 月，赵尚德任教学副校长。由于国民经济尚未好转，学校停止招生，放假回家的学生延续假期 1 年

续表

年度	年度大事记	
1963 年	湖南省畜牧兽医学校并入，合并后由罗特任校长，王一心任党总支书记	120 人复课，编成农机 3 个班上课。附属工厂扩建。党总支委员会改选，刘计兼任党总支书记，黄运连任总支组织委员兼武装保卫委员、陈正银任总支宣传委员兼工厂党支部书记。刘计校长兼任厂长。校第二届工会换届，谢克勤任工会主席
1964 年	学校党总支改选，王一心任党总支书记，学校原校长罗特任副书记兼统战委员，学校原副校长谢建文任宣传委员，周德煌任组织委员兼监察委员	随着全国经济形势好转，当年招收 2 个农机班共 90 人，学校步入稳步发展时期。党总支委员会改选，刘计兼任党总支书记，黄运连任党总支副书记兼组织委员，陈正银任总支宣传委员，孙树清任总支武装委员，谢克勤任总支统战委员
1965 年	学校党总支改选，王一心任党总支书记，罗特任副书记，谢建文任统战委员，刘飞任武装委员，周德煌任组织兼监察委员，易耀华任青年委员，李正一任宣传委员。学校与粮油食品进出口公司湖南分公司签订繁殖约克夏种猪产销协议书	经湖南省人民委员会决定：湖南省农业机械化学校及其附属工厂划为省机械工业局管辖。刘革健任政工副校长。党总支委员会改选，刘计任总支书记兼统战委员，刘革健总支副书记兼监察委员，陈正银任总支青年委员，黄运连任组织委员，谢克勤任总支宣传委员，孙树清任总支武装委员，陈润根任总支委员，下设 2 个党支部，谢克勤任教职工党支部书记，孙树清任工厂党支部书记，陈正银任副书记
1966 年	文化大革命开始，学校停课闹革命	“文化大革命”开始，学校成立革命委员会，宣布停课闹革命。学校停止招生
1967 年		学校内外闹革命，原有领导机构完全瘫痪。在这种特殊情况下，各院校的领导，由湖南省军区指挥长沙市军分区，长沙市军分区再指挥领导各院校的武装部

续表

年度	年度大事记	
1968年		11月，成立革委会，由“毛泽东思想工人宣传队”队长戴泽民任革委会主任，黄运连、曾典华等任副主任。派性斗争激烈，教学工作停顿
1969年		4月，省革委会生产指挥部农水组下文，撤销湖南省农业机械化学校，校舍及教学基地全部移交长沙市新中机械厂。11月，《省革委33号文件》通知省农机校和有关单位：“省农业机械化学校在原址办学，原有房产、土地仍归学校所有保持原有规模。”12月，新中机械厂停止施工并撤离学校。学校得到恢复
1970年		学校组织教师去各县农机厂和公社调研，编成《拖拉机驾驶员读本》由湖南省人民出版社出版。10月，长沙市革命委员会整党建党办公室允许学校成立新的党支部，由5人组成，刘革健任书记，黄运连任副书记，谢克勤、刘海斌、李南山任委员。11月，学校奉命搬迁至省农机研究所，成为所属的一个教学组。校舍移交给长沙工学院（即现在的中国人民解放军国防科学技术大学）
1971年	成立长沙农校党支部，由谢建文任副书记，胡自成任宣传委员，曾康任组织委员，童伏英任保卫委员	学校与省农机研究所合并，成立了统一的党组织，刘革健任总支书记，黄运连、谢克勤任总支委员。7月，在省农机所的支持下，腾出一间约180平方米的样机房，开始筹建实习工厂
1972年	省革委会生产指挥组任命张志鸿同志为长沙农校革委会副主任；学校招收短期训练班，主要轮训全省农业技术干部和部分师资。同时，积极做好招生准备工作	经省革委会批准省农机校迁回马坡岭原校址办学。仿制成功“珠江22-8高压油泵试验台”和举办全省拖拉机师资200人短训班。刘计调离学校，刘革健出任校长，谢克勤任工会主席

续表

年度	年度大事记	
1973年	为加强领导，省革委会任命王保立、刘计同志为革委会副主任。同时面向全省招收工、农、兵学员120名，补习班学员99名	省机械工业局党委批准学校和省农机所分别成立党总支委员会，刘革健任书记，黄运连任副书记、副校长，陈润根任组织委员，张谈文、谢克勤任宣传委员，曾长林（工宣队负责人）任保卫民兵武装委员、李士清任青年委员。下设政工和教学2个支部。学校恢复招生工农兵学员140人。重建实习工厂和专业实验室，结合教学任务开展多种生产项目
1974年	省革委会任命王宗歧为学校革委会主任，侯明才为校革委会副主任。当年学校增设水产专业	学校划归新成立的省农业机械管理局管理，在上级的重视下，学校迎来了全面恢复发展的新时期
1975年	响应毛泽东同志知识青年到农村去的号召，学校在长沙县建立了知青点。师生学习朝阳农学院的经验，下到长沙县19个公社和本校牧场，实行开门办学	学校产生第一届党委，翟雄非任书记，刘革健任副书记，黄运连、谢克勤、陈润根、曾典华任委员。下设政工、教学、行政、工厂及学生班级等8个支部。加大对农机、修理、金工、电工等实验室建设
1976年	省农业局党委同意刘飞、胡自成为党总支委员。学校恢复长沙农校蚕桑专业，并在澧县蚕桑工作站招生；农作、植保、牧医、水产、果茶5个专业招“社来社去”学生；学校举行粉碎“四人帮”胜利庆贺大会	成立学生党总支委员会，刘革健兼任书记，曾典华、谢正凡（工宣队）2人任副书记，游传胤、陈桂莲、周洪武、黄鼎祥任委员。学校的工作重点转移到以教学为中心和提高教育质量上来。学校建汽扩大修车间与机加工车间，面积达2000余平方米
1977年	学校成立人民武装部，广泛开展“三大讲”，深入揭批“四人帮”。学校将所属大王岭土地25亩划拨给省蚕种冷库、省植保站和土肥站	学校组织教师主持或参与省内外拖拉机、农机、金工等教材建设

续表

年度	年度大事记	
1978年	学校党总支改为临时党委，下设5个支部；学校行政下设教务科、政工科、总务科、办公室和实习农牧场。成立落实政策办，查明落实了“文革”遗留问题，补开了受迫害致死的李颂唐、胡长发两教师的追悼会。学校临时党委在省农业局党委派来的工作组指导下，开展整党整风。学校开设植保、牧医大专各2个班	拨乱反正，平反冤假错案，为学校原副校长欧阳宜康平反，右派摘帽，恢复正气。学校自主承办省农机修旧利废展览会获得成功。恢复高考，开设“农业机械化大专班”，面向全省招收高中毕业生，学制三年，当年招收新生4个班。12月，谢克勤任教学副校长
1979年	李昭荣任临时党委书记，刘计、陈贵福为副书记，张志鸿、刘飞为委员。省革委会农村办党组任命刘计和张志鸿为副校长。对错划右派的罗桂恒等17人进行复议改正	陈润根任学校党委副书记。学校自主设计研制成功的拖拉机液压升降试验台，荣获省1980年科技成果奖
1980年	学校经省人民政府批准确定为开放单位。学校设立培训部，被定为全国农业中专师资培训基地；由学校原副校长刘计主持培训工作。中央教育部〔1980〕教专家第11号文件明确学校为全国重点中专。省委任命时任校长张松生同志为学校党委副书记	被国家教委确定为全国重点中专学校。举办农机干部训练班80人。暑假举办农机系统首届日语速成班并顺利结业
1981年	联合国开发计划总署和粮农组织协调员克莱蒙特教授来校考察；莱索托驻联合国粮农组织大使恰卡恩特卡尼率莱索托农业考察组来学校进行考察	学校原校长刘革健离休，谢克勤出任校长，范定先任教学副校长，罗觃仙任后勤副校长。6月，校工会第四届换届，罗觃仙任工会主席，房伟伦、刘海斌任副主席、周克勤任副主席

续表

年度	年度大事记	
1982 年	学校贯彻执行《湖南省中等农业学校教师工作量试行办法》	第二届党委改选，翟雄非任书记，谢克勤、陈润根任副书记，罗觃仙、范定先、刘海斌、邹维成任委员。2 月，薛英任后勤副校长并增补为党委委员。同时，学校纪委进行换届改选，陈润根兼纪委书记。由于农机管理与机务队进行教研室共建，推动农机运用实验、油料实验和拖拉机教练教学工作取得长足进展，受到省农机局肯定
1983 年	省农业厅任命曾吉安为校长，许克明为党委书记，张松生为顾问，金振春、李再忠、王冠雄任副校长。学校开办农民自费班，学制三年。学校举办 80 周年大型的校庆，出校庆专刊《教学科研》，王首道同志为校庆题词："发扬艰苦创业、勤俭办学的精神，为社会主义农业现代化培养人材"。学校培训部改名为"农牧渔业部中等农业学校师资长沙培训中心"，由副校长金振春主持培训工作	省农机局并入省农业厅，学校归口省农业厅领导。开办"农村机电大专师资班"和"农村职业中学师资班"，共 14 个班，486 人

续表

年度	年度大事记	
1984 年	农牧渔业部发文，世界银行贷款第二期农业教育科研项目教育分项给学校发放贷款 43.55 万美元，根据中国联邦德国第五次农业小组会议决定，由德方无偿援助中国建立农业教育培训中心。联邦德国诺曼基金会魏德莫博士与威尔特女士来学校进行办学条件考察。学校举行了首届湖南省中等农校、农机校田径运动会。省农业厅与学校合办湖南农业印刷厂。学校新开办农产品加工专业	第三届党委改选，薛英任书记，谢克勤任副书记、陈润根、罗觃仙、房伟伦任委员。下设政工、教学总务、膳食、工厂 5 个党支部。农牧渔业部〔1984〕农（教中）字第 109 号将学校确定为“教育改革试点学校”。为全省各地农机校编写了《金属工艺学》《机械设计基础》《拖拉机构造原理》《农业机械》等 5 门课程教材，为全省农机职业技术教育和培训做出了贡献。发起成立全国农机校联络中心
1985 年	全国农林职业技术教育交流会在学校召开，教育部职教司副司长闻友信作了总结报告，日本田岛教授讲了 7 次课。学校开设农经专业，成立农经教研室，农经干部班招生，学制两年。从省农业物资仪器公司收回大王岭土地并用 75 万元购买房产和仓库等	谢克勤任学校名誉校长、刘祖毅任校长。全国农机校联络中心成立，学校被选为主任单位，并派人员出任联络中心秘书长，主持日常工作。学校积极调整专业设置，主动适应农村经济发展。新增设农业运输和农机安全监理、农产品加工机械专业，将原有农业机械化专业调整为农业机械管理专业，将农机修造专业分设为农机制造和农机修理 2 个专业。加强与北京农业工程大学合作办学（成人函授教育）工作力度
1986 年	中顾委原常委王首道同志批示，为已故老校长姚舜生重立墓碑，并亲笔题写碑名。诺曼基金会与农牧渔业部签订协议，援建农业职业技术培训中心 300 万	学校组织人员参加国家教委下达的《农村职业技术教育教学发展战略》课题研究，获农业部全国农业职业技术教育研究会一等奖。经厅批复成立培训科

续表

年度	年度大事记	
1987 年	中国农牧渔业部下达文件，明确在我校建立“中国—联邦德国农业职业教育培训中心”，属农业部和湖南省双重领导。联邦德国诺曼基金会食品技术专家赫尔曼教授、温舍教授和塞拉先生为援建培训中心项目来学校做执行前的准备和项目开展工作；同时，省农业厅指定副校长金振春任项目负责人并批准设立项目办为正科级机构。学校成立第二届团委，由曹太益同志任团委书记。江弘慈、俞敏两位老师当选为长沙市第六届政协委员，曹士贤老师任长沙市郊区政协委员	谢克勤重新出任学校校长，与书记罗觋仙共同主持总结复课和“三多”办学工作历程等工作。初步确定“坚持教改，坚持双证办学，提高教学质量”的办学方针
1988 年	学校开办非洲莱索托王国农业官员蔬菜栽培培训班，达利一行等 10 人来学校进行为期 4 个月的中国蔬菜栽培技术培训。培训中心诺曼基金会塞拉、雷库尔教授一行 8 人先后来农业职业技术培训中心进行项目仪器设备安装、基建等工作。学校举办农业职业中专专科师资班，学制一年半；财会自费不包分配班招生，学制三年。任命耿惠温为校长，金振春、张正雅、李再忠、王冠雄为副校长，曾吉安为顾问	学校由湖南省农业厅、湖南省农业机械管理局共同管理。吴耻初任副校长。学校工会改选，赵永兴任工会主席。学校第五届党委改选产生，由罗觋仙，谢克勤、陈润根、吴耻初、刘岳岱 5 名同志组成。校纪委改选，由陈润根（任书记）、房伟伦、邹维成、周继旺等 5 名同志组成。汤先钟副校长调离。被农牧渔业部授予“加强实践教学先进单位”

续表

年度	年度大事记	
1989 年	学校换届选举产生新的党委，许克明任党委书记，耿惠温任党委副书记，成员有李常国、金振春、张正雅、郭秀云、游贵湘 5 人。诺曼基金会、国际合作局局长约翰伦一行来学校执行“农业职业技术培训中心”项目工作。从长沙县招收第一个农村家庭经营班，实行县校共管。历时一年多的实习加工厂厂房竣工，建筑面积为 2455.29 平方米，总投资 380 万元	开设“农村机电大专班”，面向全省招收高中毕业生，学制三年，为农村培养机电技术应用人才。为加强教学管理，组建了“农业工程课部、机电课部、基础课部”3 个教学课部
1990 年	学校召开首届教职工代表大会。学校先后派两批党员骨干参加省直工委举办的党员重新登记培训班，在全校开展党员重新登记工作。学校教师陈建宏、张涤平、聂乾忠、宾秋实、谭堂生、卢自金、黄中培一行 7 人去西德进行学习食品加工技术；食品加工厂第一期工程试机成功。省农业厅核定学校办学规模（不含培训）为 960 人	学校校长、副校长、联络中心秘书长等赴四川省农机校参加农业部农机中专评估工作会议。学校工会改选，刘享人任工会主席

续表

年度	年度大事记	
1991 年	国家农业部办学水平评估组来校进行检查验收，评定我校为 A 等一级中等农业学校。学校领导班子进行调整，任命耿惠温为党委书记，许克明为顾问，郭秀云为副书记。时任副省长陈彬藩、卓康宁会见诺曼基金会驻我校项目协调员托马先生；签订“中德—长沙农业职业技术培训中心”项目协议书；曼斯克先生正式受德国内务部派遣，代表诺曼基金会来校工作；农业部教育司副司长云泽民来校与德国专家托马先生、曼斯克先生就合作项目延期协议书的签订进行了会谈；时任副省长王克英会见托马先生和曼斯克先生，双方就项目延期协议书的签订取得了一致的看法，并就进一步合作问题交换了意见；经省政府办公厅批准成立中德—长沙农业职业技术培训中心项目协调委员会。时任副省长王克英、省原人大党委会副主任曹文举、时任省政协副主席兼秘书长卓康宁和时任省政府秘书长谢康生，时任省农业厅厅长周新安、副厅长谭载阳、省农经委副主任方湘林、省计委副主任肖大雍、时任省财政厅农财处副处长张美霞一行近 20 人来校视察工作	学校调整领导班子，陈润根任书记，罗觃仙任校长，方向阳任副书记兼纪委书记，谢克勤任特约顾问，黄其庶、吴耻初、赵将维任副校长。学校被国家农业部评定为“A 等一级学校”。新建教学楼、图书馆、新校大门落成，教学用房改造与设施更新的步伐加快。学校被评为长沙市郊区“花园式单位”

续表

年度	年度大事记	
1992 年	学校党委换届选举，由耿惠温任书记，郭秀云为副书记，成员有金振春、王冠雄、张正雅、吴明利、樊正斌 5 人。学校被省二厅三委评为“湖南省职业技术教育先进单位”，长沙市委、市政府授予学校“双文明建设单位”。学校种猪场被国家农业部授予“种猪生产先进集体”	学校第六届党委改选产生，由陈润根、罗觊仙、吴耻初、方向阳、赵将维、刘享人、刘岳岱任 7 人组成。同时，校纪委改选产生，由方向阳、孔云华、房伟伦、易华辉、张意诚 5 人组成。学校以教务处、政工处、后勤处 3 大块机构为主进行运作，当年招生达 600 余人，在校学生突破 1500 人，有 6 个专业。首次公开面向全省选调专业课教师，引进高学历（研究生学历）教学经验丰富的教学骨干人才。7 月，机电大专 12 班毕业。至此，恢复高考后，历时 14 年的全日制大专层次学历教育暂停
1993 年	省农业厅党组任命金振春为党委书记。举办了中国—德国长沙农业职业技术培训中心项目竣工典礼，有德国诺曼基金会总部、农业部、省政府领导及中外专家共 140 多人参加。原省委书记熊清泉在省农业厅副厅长谭载阳陪同下，来学校视察，并召开有关部门负责人会议，研究学校发展重大问题，后经省教委批准，加挂“湖南省黄兴食品技术学院”的牌子。学校成功举办了首届全国农业中专田径运动会，由省农业厅厅长谭载阳主持，时任副省长王克英致欢迎词，原农业部副部长洪绂曾致开幕词，学校团体操队 500 余人进行了表演。学校隆重举行 90 周年校庆，王首道题写了“严谨、勤奋、求实、创新”的校训，学校出版了大型校庆丛书，修建了纪念牌、纪念亭，举办了校史展览，进行了广泛而有益的其他交流活动	被湖南省人民政府授予“省级重点中专学校”。被农业部授予“中等职业教育改革先进单位”。学校人事机构改革，设政工处、教务处、后勤处、产业处，机构运作，人员定编设岗，竞争上岗，双向选择，择优聘任，合同管理。学校新增、改造了机械制造、公关秘书、工业企业电气化、机电技术应用、汽车运用工程 5 个专业。学校教师任家兰为中央农业广播电视学校主讲并录制《机械制图》40 讲教学录像课，荣获全国农业教育声像教学成果二等奖。被省农口（省委农村部、省农经委）系统授予“先进单位”。被省农业厅授予“先进基层党组织”

续表

年度	年度大事记	
1994 年	时任国家教委职教司司长杨金土等 5 人来校视察和指导工作。农业部财务司陈副司长等一行 5 人来校看望在校学习的农业部会计电算培训班的第 10 期学员。国家教委外事司刘处长、农业部教育司外联处高京清处长来校检查指导工作，与德国专家就项目继续合作事宜进行了洽谈。为提高教育教学质量，学校制定了《教学质量考核实施办法》，推行了“3+1”教学模式，自费班推行“2+1”教学模式，县校共管班推行“三边教学”模式	申请建设技能考核基地，进行汽车驾驶考证、电工证、钳工证、会计证考证，构建了“双证融通”各专业职业技能规范培训的新平台。经湖南省劳动厅审核批准，建立国家职业技能鉴定所，为校内相关专业和社会各种劳动技能鉴定，提供培训和发证服务。被国家教委批准为新一轮“国家重点中专学校”。被授予省直“双文明建设先进单位”“先进基层党组织”称号。被长沙市政府授予“花园式单位”

续表

年度	年度大事记	
1995 年	学校“国家级重点中专”正式挂牌。郑若良同志任党委书记兼校长，金振春同志任顾问。学校进行党委、纪委改选，郭秀云同志任党委副书记，王冠雄、万继武、吴明利、何建湖、张正雅等同志为党委委员。王冠雄同志任纪委副书记，刘晓峰、邓正文、李红一、黄秋联等同志为纪委委员。学校进行机构改革，设立办公室、政工处、教导处、后勤保卫处和经济开发处“四处一室”，制定了《长沙农校机构设置和教职员工聘用制试行办法》，教职员工实行聘任制。湖南省农业厅、中德—长沙现代食品技术研究所德国诺曼基金会联合主办，有湖南省乡镇企业局、湖南省供销社、湖南省绿色食品办参加的“湖南食品工业建设与发展”研讨会在我校召开	学校组织骨干教师去沿海发达地区的企业进行专业开发调研，在此基础上学校增设了计算机、数控加工技术和汽车修制 3 个专业。曾宪章任副校长及党委委员。被省农业厅授予“经济工作先进单位”。被省长沙市授予“社会治安综合治理先进单位”。获国家劳动部批准，设立“国家劳动技能鉴定所”
1996 年	原省委书记、省顾委主任万达，原省长孙国治，原常务副省长周正等领导来长沙农校指导工作；农业部“会计电算化长沙培训中心”在学校挂牌。为加强校友之间的联系，促进校友间科技、文化、经济等信息的交流，学校决定成立“湖南省长沙农校校友总会”；根据中共中央组织部、农业部、国家教委农教发〔1995〕7 号文件精神，学校举办村干部培训班	农业部局发（教中）〔1996〕第 71 号文件，确定学校为农业部中南五省唯一获批的农业工程学科能力教育体系试点学校，同年，又被省教委列为《职业教育教学模式的研究与实验》课题实验学校，其试点专业为机电技术应用专业。深化人事制度改革，推行《新进人员实行聘任合同制管理》（不含军转干部及副处以上干部），取消固定用人用工制度

续表

年度	年度大事记	
1997年	第九回日中农业教育代表团一行5人在团长铃木芎夫先生的率领下来学校进行农业教育考察，时任农业部教育司郑学莉副司长带领农业部调查组，在省农业厅巡视员郭劲军等领导陪同下来校指导工作。学校党委被评为省农业厅系统先进基层党组织，老干工作被评为省农业厅先进单位。湘农业人干字40号任命蒋国平同志为学校党委书记，免去郑若良同志党委书记职务	学校改名为湖南省机电工程学校，新校名揭牌庆典成为学校发展史上一个重要的里程碑。5月，夏大鸣任副校长。学校实行并轨招生。并轨招生的学生毕业后参与劳动力市场竞争，国家不再以行政手段分配毕业生，即逐步建立“学生上学自己缴纳部分培养费，毕业后多数人自主择业”的机制
1998年	湘农业〔1998〕人干字5号任命郑若良同志学校党委书记，免去蒋国平同志学校党委书记职务。时任省农业厅于来山厅长、计财处处长等来校指导工作。3月，中南六省、农业厅科教处长及部分国家级重点农业中专学校校长一行20多人来校参观指导工作	省农业厅任命以方向阳为校长兼党委书记的新领导班子，刘享人任党委副书记兼纪委书记，吴耻初、夏大鸣、曾宪章、梁勇任副校长，罗觃仙、陈润根任调研员，黄其庶任助理调研究员。增设模具设计与制造专业。为加强专业建设，教学系统成立机制、工电与电子、汽车、经管与计算机4大专业教研室。成立素质教育领导小组，全方位开展素质教育，培养学生有崇高理想、高尚情操、健康身心的综合人才。学校应约派副校级领导参与马坡岭农业高科技园工作。7月，全省中专教育管理年会88所学校教务校长会议在校召开，学校被推选为新一届常务理事单位
1999年	时任农业部教育司副司长郑学莉、时任农业部职教处陈肖安处长、时任农业部教育司职教处副处长朱岩等来校指导工作；学校成立办学评估工作领导小组，由郑若良任组长，其他校领导为成员，成立了由黎移新等9人组成的评估办公室	学校在全省高职院校及开办高职班的重点中专学校教学研讨会上介绍了高职班办学经验及机电技术应用专业教学计划开发经验。因住房制度改革和学校发展，第1栋教职工宿舍（平房）拆除，7月，在原地建的第12栋教职工宿舍（共28户）竣工

续表

年度	年度大事记	
2000 年	学校被农业部确定为农业职业技术教育培训示范基地，省教育厅再次确定学校为国家级重点中专学校，学校被评为省农业厅系统经济工作先进单位；时任省农业厅余英生厅长一行来校指导工作；时任省直工委副书记朱幼英、叶丽纯处长，时任省农业厅纪检组长莫胜元等领导来我校进行双文明建设检查与考核工作；时任省政府办公厅社会发展处处长张国骥以及省农业厅科技处等有关领导来校指导工作；埃塞俄比亚教育部副部长、农业部副部长及驻华使馆一行 7 人在国家农牧渔业部国际合作公司刘思翌副经理以及省农业厅副厅长郭劲军等陪同下来我校考察指导工作；时任省农业厅党组书记、厅长余英生率厅党组成员及相关部门负责人来校视察工作，并确定长沙农校为高职学院本部	学校开设 4 大类 21 个专业，学生规模突破 3000 人。7 月，标准学生宿舍（现名第 4 栋学生公寓）建成。因住房制度改革和学校发展，第 2、3 栋教职工宿舍（平房）及幼儿园拆除，在原地建的第 13、14 栋教职工宿舍（共 48 户）竣工
2001 年	经湖南省人民政府批准原湖南省长沙农业学校和湖南省机电工程学校合并升格为大专层次的高等学校：湖南生物与机电工程职业技术学院。胡述光任书记，方向阳任院长、党委副书记，何建湖任党委副书记、副院长，郭秀云、梁勇、夏大鸣任党委委员、副院长，曹太益任党委委员、纪委书记，王冠雄为调研员	
2002 年	学院举行隆重的授牌及周年庆典大会；时任省人大常委会副主任罗海藩、省政协副主席陈彰斌、时任省长助理许云昭、省农业厅、省教育厅、省计委、省财政厅领导以及校友代表参加庆典大会；学院完成机构设置、干部竞争上岗以及全员聘任工作；召开工会代表大会，选举产生第一届工会委员会；建立健全各项管理工作制度；牧医、水产、食品加工 3 个专业在教育厅的专业评估中被评为 A 等；园艺专业被定为省级教学改革重点示范专业	

续表

年度	年度大事记
2003 年	经湖南省人民政府同意，学院更名为“湖南生物机电职业技术学院”；学院举行隆重的办学百周年庆典；学院被评为湖南省职教先进单位；学院积极推行院系两级管理，加快软件和硬件建设，招生规模不断扩大
2004 年	实行第二轮全员聘用工作，各系部成立党总支，学院被评为全国教育网络系统示范单位；学院与湖南省扶贫开发中心签订了《湖南省农村科技骨干种养培训班协议》，开辟了一条服务“三农”工作新途径；模具设计与制造专业被列为湖南省级示范性专业；湖南省语言文字工作委员会批准学院成立普通话测试站；学院被湖南省劳动厅认定为“湖南省第二批高技能人才培训基地”；被省职业技能鉴定中心评为“2004 年计算机信息高新技术考试先进单位”；学院成立后勤集团，走出了后勤社会化服务改革的第一步
2005 年	省农业厅任命王仁祥担任学院副院长；学院产学研示范场揭牌；被确认为士官招收定点单位；学院职业技能鉴定所被评为“湖南省职业技能鉴定所全面建设先进单位”；畜牧兽医、电子商务、应用电子技术 3 个专业成功申报为省级教改试点专业；新图书馆、学生公寓建成
2006 年	学院在教育部高职高专人才培养工作水平评估中被评为优秀等级；学院加强校企合作，荣获湖南省职业教育先进单位；成功申请为四、六级英语过级考试考点；获得中央财政支持的实验实训基地项目（园艺实训基地）被评为全国示范性实训基地；学院就业指导中心被评为本年度湖南省普通高校毕业生就业工作先进单位；学院被评为后勤社会化改革优秀单位；学院获得创建湖南信用单位先进集体、湖南省大学生心理健康教育先进单位、农业厅“五四普法”先进单位等荣誉
2007 年	省委组织部任命王宇为学院党委书记，省农业厅任命楚琼湘为副校长、副书记。学院召开第二届教代会。商务厅批准学院成立“湖南生物机电职业技术学院外派劳务技能培训基地”；学院被评为湖南省高职学院成人高校学籍学历电子注册工作先进单位；学院国家职业技能鉴定所被评为全省十佳单位；“家畜遗传育种”被确定为国家级精品课程；“园艺技术”被确定为省级精品专业建设项目；“电气控制与可编程控制”被确定为省级精品课程建设项目

续表

年度	年度大事记
2008 年	学院被确定为省级示范性高职学院；学院召开第一届党代会，选举产生第一届党委成员，王宇任党委书记、方向阳、何建湖、楚琼湘任党委副书记、郭秀云、梁勇、夏大鸣任党委委员、曹太益任纪委书记；学院进行人事制度改革；学院获湖南省高等职业院校园艺技术专业课教师技能教学水平认证培训基地、湖南省语言文字规范化示范学校、湖南省高校学生资助管理工作先进单位、湖南省大学生心理健康教育先进单位
2009 年	学院顺利完成全院第三次全员聘用工作；学院党总支改选，成立了 8 个党总支；成立专门督导考核机构；承接省发改委“藤本植物开发与利用”项目，成立藤本植物研究所；《湖南生物机电职院》院报获批对内发行，“修业讲坛”揭牌开讲；《百年辉煌——湖南生物机电职业技术学院简史》由湖南文艺出版社出版；参加湖南省教育科学规划课题管理先进单位评选，被评为先进单位；女子高炮营参加湖南省庆祝新中国成立 60 周年军事技能比武并取得第一名的好成绩；“芙蓉区大学生创业辅导培训基地”“湖南省人事考试定点学校”“农业部现代农业技术培训基地”挂牌；党建工作通过了省教育厅和省教育工委专家的考察和评估
2010 年	学院推荐姜小清、王才用、欧阳叙向、刘晓魁、傅爱斌 5 位同志为学校领导班子后备干部，傅爱斌到龙山县挂职锻炼，推荐黎移新担任学院副院长、推荐王才用担任湖南省工业贸易学校校长；对东湖运动场进行了改造，体育中心举行了奠基仪式；教师新村第一批分房工作顺利进行，196 户职工喜获新房；与长沙市芙蓉区都市花乡举行“共建花卉生产性实训基地”签约仪式，与深圳百通公司举行了校企合作奠基仪式；学院首次获国家星火计划项目立项（《利用藤本植物治理湖南石漠化山区的综合技术》课题和《山区中华竹鼠人工驯养繁殖技术推广与产业化》课题）；思想政治理论课教学部谭黎明的课题获批全国教育科学“十一五”规划课题重点课题，实现了我院此类课题的申报中零的突破；顺利通过新一轮人才培养工作合格评估；学院荣获农业部“十佳农民创业培训基地”，荣获“湖南省文明高校”荣誉称号，时任党委书记王宇荣获“文明创建先进个人”称号。时任党委书记王宇主持的《百年修业》申报湖南省普通高校校园文化精品建设项目获得立项

续表

年度	年度大事记
2011 年	楚琼湘同志被任命为学院院长，学院启动“六个一工程”建设项目；成立“湖南生物机电职业技术学院继续教育学院”和资产管理处；学院举行免费单招考试，共录取新生 118 人；学院吐鲁番市农业农村工作专业培养班开班，时任党委书记王宇同志、院长楚琼湘同志任命为农业农村专业培训工作领导小组副组长；学院荣获“湖南省五四红旗团委”称号；党政办获得全省教育系统 2011 年办公室工作优质服务竞赛一等奖；学院普通话测试站被评为全省优秀测试站；获得教育部科学技术司“资产清查教育系统先进集体”表彰；农业部团中央“全国青少年农业科普示范基地”落户学院；获得湖南省普通高等学校体育工作评估优秀等级；刘利、胡时均两名同学获“中国大学生自强之星”提名奖；学院选送 11 件学生技能作品参加由教育部举办的全国职业院校学生技能作品展洽会，获一等奖 1 个、二等奖 3 个、三等奖 2 个、优秀奖 5 个；学院女子足球队在 2011 年湖南省大学生足球赛中，夺得高职组桂冠、总体排名第二。与湖南隆平高科蔬菜产业有限公司、福建省连维太农业有限公司校企共建的“湖南生物机电职业技术学院校企合作生产实训基地蔬菜生产基地”举行挂牌仪式，与美国 S. T. A. R 公司就共同培训学生和培训自动变速箱维修专业技术人员签署合作备忘录；与长沙家佳福食品有限公司、湖南龙讯村村通信息科技有限公司隆重举办校企合作签约暨揭牌仪式

续表

年度	年度大事记
2012 年	时任省委副书记梅克保率省直相关部门负责人来院现场调研与办公，看望慰问教职员工，调研教育改革发展情况；时任省农业厅党组书记、厅长田家贵率领厅相关领导和处室负责人来校召开学院行业办学指导委员会第一次会议，现场指导学院办学；学院校友会第一次校友代表大会暨校友会成立大会举行；学院新一轮机构改革和开展全员聘用工作；省农业厅梁勇任副书记副院长，谈再红、傅爱斌、刘晓魁任学院副院长，胡季晖、王生明任学院副院级督导员；成立规划建设处，教师新村指挥部合并到规划建设处；藤本植物研究所升格为副处级机构，吴易雄任所长；学院首次岗位设置管理工作全面完成，560 人参加了此次岗位设置与聘用；调整设置了党总支和党支部，党总支由原来的 8 个增至 10 个，党支部由原来的 31 个设为 40 个，聘请了 7 个特邀党建组织员；超级杂交水稻生产示范与人才培养基地、玉米原种扩繁基地建设、信息技术环境下实习实训及培训模式创新探索、亚热带地区藤本植物研究与应用等重大科研与建设项目相继获得国家发改委、农业部、教育部和省科技厅等部门立项，各类项目建设资金突破 8000 万元；“农业部干部管理学院湖南培训基地”“湖南省教育科学农职院校特色办学基地”落户学院；与湖南工程学院、湖南文理学院 2 所本科院校达成 2013 届“专升本”合作协议；时任院长楚琼湘主持《校园文化建设“五个一”工程》课题获得 2012 年度湖南省普通高校校园文化精品建设项目立项；与湖南省畜牧研究所共同创建的大学生创业孵化园在该研究所正式建立，首批近百名大学生入园学习和创业；承办 2012 年湖南省大中学生足球比赛；被教育部确定为第一批教育信息化试点单位；时任院长楚琼湘同志当选芙蓉区第四届人民代表大会代表；王少华同志荣获“湖南省优秀教师”称号，记二等功奖励，并受到了时任省委书记周强、原省长徐守盛的亲切接见。全国职业院校技能大赛农业技能大赛湖南选拔赛在学院举行，学院包揽高职组 3 个项目一等奖

续表

年度	年度大事记
2013年	省委组织部任命罗迈钦担任学校党委书记； 时任省教育厅副厅长玉买尔江·买买提、长沙市政法委副书记程显杰来学校调研新疆学员培养工作。省农业厅党组成员、省农机局局长王罗方到学校考察指导农业机械专业建设工作。时任省扶贫办副主任黄绍红到学校考察指导工作。时任省农业厅党组书记、厅长刘宗林到学校调研指导工作。时任省教育厅原正厅级督导胡学军、省教育厅史志办主任胡国强一行来校检查指导工作； 省级示范性职教集团、省级实训基地（汽车检测与维修）项目申报成功，种子生产与经营专业被列入省级示范特色专业培养项目。机电应用技术（中职教师企业顶岗培训）、模具设计与制造（国家级企业顶岗培训、中职教师省本级培训）职业院校教师素质提高计划项目申报成功； 学校机关党总支被评为全省教育系统创建学习型党组织"十佳先进单位"，"修业讲坛"被评为全省教育系统创建学习型党组织"十佳学习载体"，吴易雄被评为全省教育系统创建学习型党组织"十佳党员学习明星"。推进教育史志工作，学校被评为湖南省史志教育工作先进单位。深入开展法制宣传、安全教育、消防培训与演练等"平安校园"创建工作，学校获"湖南省平安高校"荣誉称号。学校组队参加2013年湖南省大中学生足球比赛，获得高职专科女子组第一名的好成绩； 举办学校办学110周年校庆。学校校史《百年辉煌——湖南生物机电职业技术学院简史》再版发行，由湖南科学技术出版社出版

续表

年度	年度大事记
2014 年	农业部管理干部学院卢丙来副院长到学校考察调研；共青团湖南省委副书记罗琼出席学校学生青年主题团日活动； 学校种子生产经营示范性专业申请为“十二五”重点建设培育项目；机电一体化、模具设计与制造中职教师企业实践项目和模具设计与制造中职教师培训项目通过省级评审。完成常德贺家山国家级原种场、湖南优质果茶良种繁育场等产学合作基地建设
2015 年	时任省农委主任刘宗林到学校考察调研指导工作； 湖南省教育厅发布《湖南生物机电职业技术学院章程》核准书，《湖南生物机电职业技术学院章程》正式生效；学校牵头组建的中国现代农业装备职教集团成立；完成民盟湖南生物机电职业技术学院支部换届选举
2016 年	省委组织部任命刘启华担任学校党委书记； 农业部中国动物疫病预防控制中心副主任钱洪源、农业部兽医局处长刘兴国、中国动物疫病预防控制中心研究员任禾到学校调研执业兽医制度建设工作；省纪委驻省农委纪检组组长丁友平来学校调研； 时任学校党委书记刘启华在中国职业技术教育学会 2016 年学术年会作《百年生机 为时养器》主题报告
2017 年	省委组织部任命史明清担任学校校长，省农委任命廖哲信担任学校副校长，谢仲桂担任学校纪委书记； 学校召开第二届党代会，选举产生了第二届党委，刘启华任学校党委书记，史明清、黎移新任学校党委副书记，谈再红、傅爱斌、刘晓魁、黄全胜、谢仲桂、廖哲信、周宏久、林继华任学校党委委员； 省农委副主任黄其萍到学校北山田园基地考察调研；省直工委副书记、省直工会主席谢立三到学校调研农民工培训工作； 学校教师谈再红、谭胜国入选“第五届全国农业职业教育教学名师”。学校加强与企业合作共建校内实训基地，企业投入近 200 万元建成动物疫病检测中心、投入 100 万元建成人文航空模拟舱，规范整顿现有校企合作实训基地不规范行为；牵头成立省职业教育与成人教育学会高职农林牧渔类专业委员会，组织承办了中国现代农业装备职业教育集团 2017 年工作会议暨现代农业装备发展高峰论坛。学校“湖南省教育科学农职院校特色办学基地”通过验收

续表

年度	年度大事记
2018 年	时任省农委副主任陈冬贵到学校湖南超级杂交水稻生产示范与人才培养基地考察调研；省纪委驻省农委纪检监察组组长丁友平到学校开展党风廉政风险防控专题讲座；省农委巡视员黄其萍到学校北山基地考察调研； 学校校长史明清在湖南省高等院校服务脱贫攻坚推进会上作典型发言； 东帝汶民主共和国驻华大使本迪托·多斯·桑托斯·弗雷塔斯来校交流考察，学校与东帝汶民主共和国农业部签订合作备忘录。利比里亚共和国中央农业研究院来校考察交流； 学校北山基地（一期）主体项目已全面完成施工建设；建设新学生公寓，新增 1300 多个床位，改善学生住宿条件；全省首个语言文字测试站在校挂牌
2019 年	省农业农村厅副厅长兰定国来学校调研指导工作；省纪委省监委驻省农业农村厅纪检监察组副厅长级纪检员张炳生到学校北山基地考察调研； 学校成功入选国家“中国特色高水平高职学校和专业建设计划（双高计划）”高水平专业群建设单位，跻身全国高职院校高质量发展第一方阵。入选教育部首批、第二批“1+X”证书制度试点学校。学校成立国际交流学院，申报留学生资质，计划招收 4 个专业的留学生。落实与东帝汶渔业部签订的合作协议，应邀出访并与纳塔波纳职业学院合作办学，首批接收 6 名留学师生来校访学研修。开启中非农业职教合作新篇章，积极与农业农村部国际交流服务中心汇报沟通，与埃塞俄比亚阿拉戈联邦农业职教与培训学院签订合作备忘录，选派 1 名专业骨干教师参加援埃职教项目。菲律宾中吕宋大学校长阿贝拉·安杰利斯·特瑞索来校访问交流
2020 年	省农业农村厅任命刘登魁担任学校纪委书记； 学校入选湖南省“三全育人”综合改革试点校。上半年，学校以在线教学促进教学资源建设，推动教与学改革，保障线上教学质量与线下课堂实质等效，确保教育教学工作有序进行；省农业农村厅二级巡视员龙志刚带队指导学校干部队伍建设考察述职测评会；时任省纪委省监委驻省农业农村厅纪检监察组组长熊卫国到学校调研；学校与隆平高科共建隆平产业学院；民盟湖南生物机电职院支部完成换届选举；学校科学技术协会成立；农业农村部总农艺师广德福，科教司副司长张晔到学校调研指导；教育部职成司副司长谢俐、省教育厅副厅长王仁祥来学校调研指导； 学校获“第四届全国大学生环保知识竞赛”优秀协办单位、省基层团建工作示范点、省“五·四”红旗团委等荣誉、中国图书馆学会全国业务案例大赛一等奖

续表

年度	年度大事记
2021 年	湖南省农业农村厅系统党建工作观摩交流团来学校观摩调研；湖南省人大常委会委员、农业与农村委员会主任委员刘宗林来学校北山基地调研指导；湖南省委农村工作办公室专职副主任、省农业农村厅党组副书记唐道明来学校调研指导工作； “共和国勋章”获得者、中国工程院院士、国家杂交水稻工程技术研究中心原主任、湖南省政协原副主席、学校原名誉院长袁隆平逝世； 学校校友 1990 级加工 2 班毕业生、现任益阳市资阳区扶贫办党组书记、主任郭正强，1997 级牧医 52 班毕业生、现任新宁县副县长郭华满获“全国脱贫攻坚先进个人”荣誉称号； 学校成功入选全国“乡村振兴人才培养优质校”；学校学生获 2021 年全国职业院校技能大赛高职组“花艺”赛项一等奖；农业农村部科教司副司长孙法军来学校调研农业院校服务乡村振兴工作；省委农办专职副主任、省农业农村厅党组副书记、一级巡视员贺丽君来校调研指导工作；学校境外杂交水稻技术推广中心落地菲律宾；学校校长史明清当选全国农业行业教育教学指导委员会委员
2022 年	学校学生获 2022 年全国职业院校技能大赛高职组“花艺”赛项一等奖；省教育厅副厅长王仁祥来学校作湖南贯彻落实职业教育法主题报告；学校被推选中国宠物产业职教集团为理事长单位，学校校长史明清当选理事长；湖南省委教育工委副书记、省教育厅党组副书记、副厅长王玉清，湖南省委农办专职副主任、省农业农村厅党组副书记、一级巡视员贺丽君来学校调研指导工作

附录5 历任领导一览表

党委书记		校长	
姓名	任职时间	姓名	任职时间
罗迈钦	2013.05—2016.04	楚琼湘	2011.05—2017.07
刘启华	2016.04—2022.11	史明清	2017.07—至今

修业农校、湖南省长沙农业学校历任校长、书记任职时间表

校 长		书 记	
姓 名	任职时间	姓 名	任职时间
周震鳞	1903.08—1906.12	—	—
彭国钧	1907.01—1912.07	—	—
俞蕃馥	1912.08—1914.07	—	—
彭国钧	1914.07—1915.05	—	—
黄海润	1915.01—1920.07	—	—
万扩军	1920.05—1920.07	—	—
彭国钧	1920.07—1920.11	—	—
王震东	1920.11—1924.08	—	—
狄昂人	1924.08—1927.01	廖长顺	1923—1926（中共地下党组织负责人）

续表

校　长		书　记	
姓 名	任职时间	姓 名	任职时间
彭国钧	1927. 01—1949. 06	—	—
丁鹏翥	1949. 07—1950. 03	—	—
李毅之	1950. 04—1951. 03	詹毓林	1953. 06—1956. 06
姚舜生	1951. 03—1962. 01（1953 年任湖南农学院高农部主任，1952 年 10 月任长沙农校校长，1954 年以后任第二校长）	罗　特	1956. 06—1963. 07
罗　特	1953. 12—1969	王一心	1963. 07—1971. 01
谢建文	1968. 06—1969. 03（革委会主任）	王保立	1972. 10—1974. 02（代理）
王宗歧	1974. 02—1978. 06（革委会主任）	王宗歧	1974. 02—1978. 06
李昭荣	1978. 06—1980. 07	李昭荣	1978. 06—1983. 08
张松生	1980. 07—1983. 03	—	—
曾吉安	1983. 08—1988. 06	许克明	1983. 08—1991. 02
耿惠温	1988. 06—1995. 02	耿惠温	1991. 02—1993. 07
—	—	金振春	1993. 07—1995. 02
郑若良	1995. 02—2001. 01	郑若良	1995. 02—1997. 08
—	—	蒋国平	1997. 08—1998. 02
—	—	郑若良	1998. 02——2001. 01
何建湖	2001. 01—2001. 11	—	—

湖南省农业机械化学校、湖南省机电工程学校历任校长、书记任职时间表

校长		书记	
姓名	任职时间	姓名	任职时间
刘 计	1958.08—1961.10	刘 计	1958.08—1969.03
戴泽民	1968.11—1969.03（革委会主任）	刘革健	1970.10—1975.10
刘革健	1973.07—1978.08（革委会主任）	翟雄非	1975.11—1978.08
刘革健	1978.09—1981.09	翟雄非	1978.09—1983.07
谢克勤	1981.10—1985.01	薛 英	1983.08—1985.01
刘祖毅	1985.01—1987.07	罗觃仙	1985.01—1987.07
谢克勤	1987.08—1991.05	罗觃仙	1987.08—1991.05
罗觃仙	1991.05—1998.03	陈润根	1991.05—1998.03
方向阳	1998.03—2001.11	方向阳	1998.03—2001.11

湖南生物机电职业技术学院党委书记、院长任职时间表

党委书记		院长	
姓名	任职时间	姓名	任职时间
胡述光	2001.10—2007.09	方向阳	2001.11—2008.03
王 宇	2007.09—2013.05	方向阳	2008.03—2011.05
罗迈钦	2013.05—2016.04	楚琼湘	2011.05—2017.07
刘启华	2016.04—2022.11	史明清	2017.07 至今

附录6 部分省级以上综合性奖励和荣誉称号

序号	获奖单位	获奖名称	颁奖单位	获奖时间
1	湖南生物机电职业技术学院	湖南省“楚怡”高水平高职学校拟建设单位A档	湖南省教育厅	2022
2	湖南生物机电职业技术学院	湖南省省级语言文字推广基地	湖南省教育厅	2022
3	湖南生物机电职业技术学院	第五届“我心中的思政课”全国高校大学生微电影展示活动全国特等奖和最佳摄影奖	教育部	2022
4	湖南生物机电职业技术学院	全国职业院校技能大赛高职组花艺赛项一等奖	全国职业院校技能大赛组委会	2022
5	湖南生物机电职业技术学院	全国党建工作样板支部	教育部	2022
6	湖南生物机电职业技术学院	湖南省文明标兵校园	湖南省精神文明建设指导委员会	2021
7	湖南生物机电职业技术学院	全国乡村振兴人才培养优质校	农业农村部	2021
8	湖南生物机电职业技术学院	全国高职高专院校信息素养大赛优秀组织奖	教育部	2021
9	湖南生物机电职业技术学院	全国职业院校技能大赛高职组花艺赛项一等奖	全国职业院校技能大赛组委会	2021
10	湖南生物机电职业技术学院	全国示范性职教集团	教育部	2020

续表

序号	获奖单位	获奖名称	颁奖单位	获奖时间
11	湖南生物机电职业技术学院	湖南省“五·四”红旗团委	共青团湖南省委	2010—2013、2015—2017、2019、2020
12	湖南生物机电职业技术学院	中国图书馆学会全国业务案例大赛一等奖	中国图书馆学会	2020
13	湖南生物机电职业技术学院	湖南省省级创新创业孵化示范基地	湖南省教育厅	2020
14	湖南生物机电职业技术学院	湖南省思想政治教育研究先进单位	湖南省高等学校思想政治研究会	2019
15	湖南生物机电职业技术学院	中国特色高水平高职学校和专业建设计划建设高水平专业群C档	教育部	2019
16	湖南生物机电职业技术学院	湖南省语言文字工作先进理事单位	湖南省语言文字工作者协会	2019
17	湖南生物机电职业技术学院	湖南省职业院校文化建设强校	湖南省教育厅	2019
18	湖南生物机电职业技术学院	全国国防教育特色学校	教育部	2018
19	湖南生物机电职业技术学院	湖南省普通话培训测试工作先进集体	湖南省语言文字工作委员会办公室	2018
20	湖南生物机电职业技术学院	湖南省语言文字工作先进理事单位	湖南省语言文字工作者协会	2018
21	湖南生物机电职业技术学院	湖南省“高校校歌系列主题活动”校歌演绎一等奖	湖南省委宣传部等4部门	2018

续表

序号	获奖单位	获奖名称	颁奖单位	获奖时间
22	湖南生物机电职业技术学院	全国新型职业农民培育示范基地	农业部	2017
23	湖南生物机电职业技术学院	团中央团学改革直接联系示范学校	共青团中央	2017
24	湖南生物机电职业技术学院	全省毕业生就业创业工作先进单位	湖南省教育厅	2016
25	湖南生物机电职业技术学院	湖南省直模范职工之家	湖南省直机关工委	2015
26	湖南生物机电职业技术学院	湖南省文明标兵单位	湖南省精神文明建设指导委员会	2015
27	湖南生物机电职业技术学院	全国“六五”普法中期先进单位	司法部	2014
28	湖南生物机电职业技术学院	全国职业教育先进单位	教育部等6部门	2014
29	湖南生物机电职业技术学院	湖南省依法治校示范学校	湖南省教育厅	2014
30	湖南生物机电职业技术学院	湖南省优秀校史馆	湖南省教育科学研究院	2014
31	湖南生物机电职业技术学院	湖南省公共机构节能示范先进单位	湖南省公共机构节能工作领导小组办公室	2013
32	湖南生物机电职业技术学院	全国绿化模范单位	全国绿化委员会	2013
33	湖南生物机电职业技术学院	湖南省2012届文明单位	中共湖南省委、湖南省人民政府	2012

续表

序号	获奖单位	获奖名称	颁奖单位	获奖时间
34	湖南生物机电职业技术学院	国家示范性职业技能鉴定所	人力资源社会保障部	2012
35	湖南生物机电职业技术学院	全国青少年农业科普示范基地	农业部、共青团中央	2011
36	湖南生物机电职业技术学院	全国普通高等学校毕业生预征工作先进集体	教育部	2010
37	湖南生物机电职业技术学院	湖南省示范性高等职业学院	湖南省教育厅	2008
38	湖南生物机电职业技术学院	湖南省语言文字规范化示范学校	湖南省教育厅、湖南省语言文字工作委员会	2008
39	湖南生物机电职业技术学院	湖南省普通话水平测试工作先进单位	湖南省教育厅、湖南省语言文字工作委员会	2008
40	湖南生物机电职业技术学院	湖南省大学生心理健康先进单位	湖南省教育厅	2008
41	湖南生物机电职业技术学院	湖南省职业技能鉴定所全面建设先进单位	湖南省教育厅	2006
42	湖南生物机电职业技术学院	湖南省职业教育先进单位	湖南省教育厅	2006
43	湖南生物机电职业技术学院	湖南省普通高校毕业生就业工作先进单位	湖南省教育厅	2006
44	湖南生物机电职业技术学院	湖南省学生心理健康教育先进单位	湖南省教育厅	2006
45	湖南生物机电职业技术学院	全国教育网络系统示范单位	全国教育网络系统建设工作委员会	2004

续表

序号	获奖单位	获奖名称	颁奖单位	获奖时间
46	湖南生物机电职业技术学院	湖南省第二批高技能人才培训基地	湖南省劳动和社会保障厅	2004
47	湖南生物机电职业技术学院	湖南省职业教育先进单位	湖南省教育厅	2002
48	湖南生物机电职业技术学院	园林式单位	湖南省绿化委员会	2001
49	湖南省长沙农业学校	再次确定为国家级重点中专	教育部	2000
50	湖南省长沙农业学校	确定为农业职业技术教育培训示范基地	农业部	2000
51	湖南省机电工程学校	再次确定为国家级重点中专	教育部	2000
52	湖南省机电工程学校	农村经济建设服务先进单位	农业部	1998
53	湖南省长沙农业学校	国家级重点中专学校	国家教委	1995
54	湖南省机电工程学校	国家级重点中专学校	国家教委	1994
55	湖南省长沙农业学校	体育工作先进单位	国家教委、国家体委	1993
56	湖南省机电工程学校	全国中等农业学校教育改革先进单位	农业部	1993
57	湖南省长沙农业学校	园林式单位	湖南省绿化委员会	1993
58	湖南省长沙农业学校	体育工作先进单位	国家体委、国家教委	1993

续表

序号	获奖单位	获奖名称	颁奖单位	获奖时间
59	湖南省长沙农业学校	全国种猪生产先进单位	农业部	1993
60	湖南省长沙农业学校	湖南省职业技术教育先进单位	湖南省教委等二委三厅	1992
61	湖南省机电工程学校	全国A等一级学校	农业部	1992
62	湖南省机电工程学校	湖南省重点中专学校	湖南省教育厅	1992

附录7 部分国家级、省级职业教育重点建设项目一览表

序号	部门或姓名	项目（专业、课程）名称	项目类别	级别	获批时间
1	金华	定向人才培养培训项目	教育部第二批供需对接育人项目	国家级	2023
2	刘琳静	就业实习基地项目	教育部第二批供需对接育人项目	国家级	2023
3	经济贸易学院	会计专业定向人才培养培训项目	供需对接就业育人项目	国家级	2023
4	经济贸易学院	物流成本管理	职业教育国家在线精品课程	国家级	2023
5	植物科技学院	中职现代农艺技术教师企业实践	国家级教师培训项目	国家级	2022
6	植物科技学院	现代农业产教融合实训基地	湖南省“楚怡”产教融合实训基地建设项目	省级	2022
7	机电工程学院、车辆工程学院	现代农业装备应用技术专业群	湖南省“楚怡”双高校项目	省级	2022
8	机电工程学院	棉花免耕侧深施肥精量直播技术与装备研究	湖南省棉花科技创新与社会化服务示范项目——农机装备研究	省级	2022
9	机电工程学院	机电工程学院党总支学工支部	湖南省教育工委省直机关示范党支部	省级	2022

续表

序号	部门或姓名	项目（专业、课程）名称	项目类别	级别	获批时间
10	车辆工程学院	现代农业装备专业群	湖南省“楚怡”专业群	省级	2022
11	车辆工程学院	新能源汽车技术	中德先进职业教育合作项目（SGAVE）	国家级	2022
12	车辆工程学院	“三得四真”农业装备技术技能人才培养十年探索	湖南省职业教育教学成果二等奖	省级	2022
13	湖南生物机电职业技术学院	跨界协同一生一案：乡村振兴本土化 人才培养研究与实践	湖南省职业教育省级教学成果特等奖	省级	2021
14	湖南生物机电职业技术学院	全国乡村振兴人才培养优质校	乡村振兴人才培养优质校和农业科研院所	国家级	2021
15	厉佐葵	丘陵果园除草机研发与应用	湖南省农机装备创新研发项目	省级	2021
16	湖南生物机电职业技术学院	“三全五步六位一体”网络教学管理模式的实践与探索	湖南省高职在线教学优秀案例	省级	2020
17	植物科技学院	种子生产与经营专业教学团队	湖南省职业院校专业教学团队建设项目	省级	2020
18	动物科技学院	2020年湖南省职业院校专业教学团队（畜牧兽医）	湖南省教育厅	省级	2020
19	动物科技学院	畜牧兽医专业资源库建设	湖南省教育厅	省级	2020
20	动物科技学院	国家示范集团申报	教育部	国家级	2020

续表

序号	部门或姓名	项目（专业、课程）名称	项目类别	级别	获批时间
21	廉良冲	机电一体化技术	省级专业教学团队	省级	2020
22	机电工程学院	机电工程学院党总支教工支部	湖南省教育工委省直机关示范党支部	省级	2020
23	马克思主义学院	湖南省思想政治教学团队建设	湖南省省级思政建设团队	省级	2020
24	植物科技学院	种子生产与经营骨干专业	高等职业教育创新发展行动计划	国家级	2019
25	植物科技学院	种子生产与经营专业“双师型”教师培养培训基地	高等职业教育创新发展行动计划	国家级	2019
26	植物科技学院	种子生产与经营专业群	国家“双高”计划专业群建设项目	国家级	2019
27	植物科技学院	藤本植物特色产业园	湖南省现代农业特色产业园省级示范园	省级	2019
28	植物科技学院	休闲农业经营与管理专业教学资源库	湖南省专业教学资源库建设项目	省级	2019
29	动物科技学院	湖南省“双一流”养殖专业群	湖南省教育厅	省级	2019
30	动物科技学院	“双高计划”建设项目	教育部	国家级	2019
31	动物科技学院	湖南生物机电职院动物科技学院“矩阵式”三全育人综合改革项目	湖南省委教育工作委员会	省级	2019
32	动物科技学院	温度诱导中华鳖性别分化的关键基因鉴定及决定机制研究-2017JJ3134-结题	湖南省自然科学基金委员会	省级	2019

续表

序号	部门或姓名	项目（专业、课程）名称	项目类别	级别	获批时间
33	动物科技学院	高职宠物类专业创业型人才培养体系研究，2016-135-Y-205	中国职教学会教学工作委员会	国家级	2019
34	动物科技学院	畜牧兽医-高等职业教育创新发展行动计划（2015—2018 年）项目认定结果	教育部	国家级	2019
35	动物科技学院	动物医学-高等职业教育创新发展行动计划（2015—2018 年）项目认定结果	教育部	国家级	2019
36	机电工程学院	机电一体化技术骨干专业	教育部创新行动计划	国家级	2019
37	机电工程学院	机械制造与自动化骨干专业	教育部创新行动计划	国家级	2019
38	机电工程学院	机械制造与自动化生产性实训基地	教育部创新行动计划	国家级	2019
39	机电工程学院、车辆工程学院	智能农业装备技术协同创新中心	教育部创新行动计划	国家级	2019
40	机电工程学院	工业机器人操作与运维，中级、高级	教育部第二批“1+X”证书制度试点学校	国家级	2019
41	车辆工程学院	汽车运用与维修（含新能源汽车技术）	教育部首批“1+X”证书制度试点学校	国家级	2019
42	车辆工程学院	智能农业装备研究所	协同创新中心	国家级	2019

续表

序号	部门或姓名	项目（专业、课程）名称	项目类别	级别	获批时间
43	湖南生物机电职业技术学院	动物医学、新能源汽车技术、物流管理	教育部第三批现代学徒制试点单位	国家级	2018
44	湖南生物机电职业技术学院	现代种植、现代养殖、智能农业装备专业群	湖南省高等职业教育一流特色专业群项目	省级	2018
45	植物科技学院	南方水稻生产技术	湖南省职业院校精品在线开放课程	省级	2018
46	植物科技学院	软件应用 AutoCAD	湖南省职业院校精品在线开放课程	省级	2018
47	动物科技学院	第三批现代学徒制试点单位	教育部	国家级	2018
48	动物科技学院	种子生产与经营省级示范性特色专业	湖南省教育厅	省级	2018
49	动物科技学院	第三批现代学徒制试点单位	教育部	国家级	2018
50	王少华	智能农业装备	湖南省高等职业教育一流特色专业群	省级	2018
51	车辆工程学院	新能源汽车技术	第三批现代学徒制试点	国家级	2018
52	车辆工程学院	现代农业装备专业群	湖南省示范专业群	省级	2018
53	植物科技学院	中等职业学校农林牧渔类“双师型”教师专业技能训练项目	国家级教师培训项目	国家级	2017
54	动物科技学院	湖南现代农业职教集团	湖南省教育厅	省级	2017
55	动物科技学院	黔邵花猪种质资源保护与开发利用	湖南省科学技术厅	省级	2017

续表

序号	部门或姓名	项目（专业、课程）名称	项目类别	级别	获批时间
56	曹虎山	全国新型职业农民培训示范基地	农科（教育）函〔2017〕第135号	国家级	2017
57	湖南生物机电职业技术学院	卓越高等职业技术学院项目	2016年重点建设项目	省级	2016
58	动物科技学院	家畜遗传育种国家级精品资源共享课程	教育部	国家级	2016
59	动物科技学院	畜牧兽医特色专业验收	湖南省教育厅	国家级	2016
60	动物科技学院	湖南省卓越高等职业技术学院建设方案	湖南省教育厅	省级	2016
61	刘柏海	机械制图及公差	国家级职业教育专业教学资源库项目“职业教育农业装备应用技术专业教学资源库”子项目	省部级	2016
62	厉佐葵	机械基础	国家级职业教育专业教学资源库项目“职业教育农业装备应用技术专业教学资源库”子项目	省部级	2016
63	车辆工程学院	现代农业装备应用技术	国家职业教育教学资源库	国家级	2016
64	动物科技学院	现代农业发展背景下高职农业专业核心竞争力培育研究	湖南省教育科学规划办	省级	2015
65	动物科技学院	2015年职业教育名师空间课堂《宠物美容技术》（湘教科研通〔2015〕38号）	湖南省教育科学研究院	省级	2015

续表

序号	部门或姓名	项目（专业、课程）名称	项目类别	级别	获批时间
66	动物科技学院	《生猪养殖》，2015 年度新型职业农民微课程资源项目（实训管理处〔2015〕2 号）	湖南省教育科学研究院	省级	2015
67	动物科技学院	省教科院“新型职业农民微课程项目”	湖南省教育科学研究院	省级	2015
68	贺坤辉	电机及其应用	新型职业农民微课程资源项目	省级	2015
69	金华	“机会”特色成长辅导室	湖南省大学生思想道德素质提升工程项目	省级	2015
70	厉佐葵	机械制造与自动化专业校企合作生产性实习实训基地	职业教育省级重点建设项目	省级	2015
71	动物科技学院	湖南省肉用种山羊生产性能测定中心改扩建建设项目	农业部	省级	2014
72	廉良冲	模具制造技术专业	武陵山片区农村中职学校“专递课堂”及“同步课堂”建设	省级	2014
73	植物科技学院	湖南省长沙市玉米原原种扩繁基地	国家农业综合开发部门项目	国家级	2013
74	植物科技学院	种子生产与经营示范性特色专业	湖南省示范性特色专业培育项目	省级	2013
75	植物科技学院	休闲农业特色专业	湖南省职业教育特色专业建设项目	省级	2013

续表

序号	部门或姓名	项目（专业、课程）名称	项目类别	级别	获批时间
76	动物科技学院	湖南省中职专业教学标准开发	湖南省教育厅	省级	2013
77	王少华	农村电气技术专业	武陵山片区农村中职学校“专递课堂”及“同步课堂”建设	省级	2013
78	曹虎山	信息技术环境下实习实训培训模式创新探索	教育部第一批信息化试点项目（教技函〔2012〕70号）	国家级	2013
79	车辆工程学院	汽车检测与维修	湖南省高等职业院校教生产性实习实训（教师认证培训）基地	省级	2013
80	对外合作处	湖南省现代农业职教集团	湖南省高等职业教育示范性职教集团	省级	2013
81	植物科技系	种子生产与经营	湖南省高等职业院校教生产性实习实训（教师认证培训）基地	省级	2012
82	动物科技系	畜牧兽医	湖南省高等职业教育省级特色专业	省级	2012
83	机械及自动化系	模具设计与制造	中央财政支持的提升专业服务产业发展能力建设	国家级	2011
84	动物科技系	畜牧兽医	中央财政支持的提升专业服务产业发展能力建设	国家级	2011
85	植物科技系	园艺技术	湖南省高等职业教育省级特色专业	省级	2011
86	机械及自动化系	模具设计与制造	湖南省高等职业院校教生产性实习实训（教师认证培训）基地	省级	2011

续表

序号	部门或姓名	项目（专业、课程）名称	项目类别	级别	获批时间
87	机械及自动化系	机电一体化	湖南省高等职业教育省级教学团队	省级	2010
88	现代管理工程系	网络贸易实务	教育部高职高专精品课程	省级	2010
89	植物科技系	园艺植物组织培养技术	教指委精品课程	省级	2010
90	机械及自动化系	模具设计与制造专业	湖南省高等职业教育省级教学团队	省级	2009
91	植物科技系	园艺	湖南省高等职业教育省级教学团队	省级	2009
92	植物科技系	园林技术	精品专业	省级	2009
93	机械及自动化系	模具设计与制造	精品专业	省级	2009
94	机械及自动化系	机电一体化技术	湖南省重点实习基地	省级	2009
95	植物科技系	园艺技术	湖南省高等职业院校教师专业技能教学水平认证培训基地	省级	2008
96	动物科技系	畜牧兽医	湖南省高等职业教育省级精品专业	省级	2008
97	动物科技系	畜牧兽医	湖南省高等职业教育省级教学团队	省级	2008
98	信息技术系	自动检测技术及应用	精品课程	省级	2008
99	动物科技系	家畜遗传育种	精品课程	国家级	2007
100	植物科技系	园艺技术	精品专业	省级	2007

续表

序号	部门或姓名	项目（专业、课程）名称	项目类别	级别	获批时间
101	信息技术系	电气控制与可编程控制器	精品课程	省级	2007
102	植物科技系	生物技术（园艺）	中央财政支持教学示范基地	国家级	2006
103	动物科技系	畜牧兽医	湖南省教改试点专业	省级	2005
104	现代管理工程系	电子商务	湖南省教改试点专业	省级	2005
105	信息技术系	应用电子技术	湖南省教改试点专业	省级	2005
106	机械及自动化系	模具设计与制造	湖南省教改试点专业	省级	2004
107	植物科技系	园艺专业	湖南省教学改革重点示范专业	省级	2002

附录8 教师编写的部分教材

姓名	教材名称	出版社名称	编写分工	姓名	教材名称	出版社名称	编写分工
谈再红	休闲农业概论	中国农业出版社	主编	梁勇	汽车发动机构造与维修	中国农业出版社	主编
傅爱斌	生态农业	中国农业出版社	主编	蒋瑞斌	汽车发动机构造与维修	电子工业出版社	主编
肖君泽 李益锋	农作物生产技术（南方本）(第二版)	高等教育出版社	主编	李永兴	园林测量	中国农业出版社	主编
梁　勇	汽车发动机构造与维修	电子工业出版社	主编	向晓	旅游英语语言认知解读	光明日报出版社	专著
梁　勇	汽车发动机构造与维修（第二版）	中国农业出版社	主编	彭义军	汽车涂装技术	电子工业出版社	主编
扶爱民	汽车发动机构造与维修（第三版）	电子工业出版社	主编	扶爱民	汽车文化	电子工业出版社	主审
白长城	汽车美容第二版	中国农业出版社	主编	李翠莲	生物化学	中国农业出版社	副主编
张秀玲	CAD/CAM 技能训练	中国农业出版社	主编	李倩兰	市场营销	中国农业出版社	主编
任家兰	第三角画法	中国农业出版社	主编	曹虎山	消费心理学	航空工业出版社	主编
单再成	高职院校经营管理概论	吉林大学出版社	专著	李永兴	园林工程技术	中国劳动社会保障出版社	主编

续表

姓名	教材名称	出版社名称	编写分工	姓名	教材名称	出版社名称	编写分工
曹清香	公差配合与技术测量	中国农业出版社	副主编	王荣英	英语第3册	湖南科学技术出版社	主编
杨继明	秘书学	中国农业出版社	主编	曾晓楠	《农作物植保员》国家职业标准	中国农业出版社	副主编
欧阳中和	机械设计基础与实践	冶金工业出版社	副主编	蔡冬元	苗木生产技术	机械工业出版社	主编
彭义军	汽车维修工国家职业技能鉴定指南	电子工业出版社	主编	王建宇	普通话训练	中国农业出版社	副主编

附录9 教师获得的部分发明专利

姓名	成果应用/专利名称	姓名	成果应用/专利名称
喻凤香	一种低酸值米糠油的制备方法	周博沙	图像处理方法及系统
喻凤香	一种鉴别植物油种类的方法	喻凤香	一种利用化学计量法定性检测植物油中掺伪油脂的方法
喻凤香	一种利用特征脂肪酸检测米糠油纯度的方法	徐一兰	高精度快速反应机械手
徐一兰	一种自卸料机机械手	徐一兰	一种提高油菜籽锗含量的富锗营养液制备方法及应用
徐平源	一种物料变容贮存装置	徐平源	定量饲料传送系统
熊钢	用于捕获甲鱼的笼具	熊钢	一种污水自动化处理系统
熊钢	一种过滤装置、废水处理设备及废水处理系统	熊钢	一种用于甲鱼的快速宰杀装置
熊钢	一种黑斑蛙蛙肉加工装置	陶抵辉	一种藤本植物凌霄根段播种的繁殖方法
陶抵辉	一种藤本植物扶芳藤枝段播种的繁殖方法	欧赵福	自动包装机
欧赵福	一种抛光机	马玉捷	一种1-甲基-2-氰基-3-脂肪族取代氮杂茂化合物的合成方法
马玉捷	一种2-芳基苯并噁唑衍生物的合成方法	马玉捷	一种甲基杂芳基砜化合物的光催化合成方法
马玉捷	一种可见光促进3-甲基-3-二氟乙基-2-氧化吲哚化合物的合成方法	鲁恩铭	基于BPB关键参数的exFAT数据恢复方法及系统

续表

姓名	成果应用/专利名称	姓名	成果应用/专利名称
刘智臣	一种交通控制方法及交通控制系统	刘唐兴、梁勇、金华	稻草绳育苗与移栽方法
刘唐兴	高效油菜移栽装置及其使用方法	刘娜、谭胜国	一种空气温度调节系统
刘琳静	一种物体干燥装置	刘琳静	新能源空气调节装置
廉良冲	一种分流输送装置	廉良冲	一种动平衡配重机构加工用夹具
廉良冲	一种回转零件静平衡测试装置	厉佐葵	一种助力搬运机械手
厉佐葵	一种高强度机械手	蒋瑞斌	一种折叠起重机
蒋瑞斌	一种复杂起重机	黄中培	一种微生物梯度平板培养装置与方法
黄中培	一种可持续补充影响因子的培养皿	黄新杰	一种水稻秧盘育秧智能恒量精密播种装置
刁一峰	一种分离式充电器	刁一峰	一种电子控制设备用除尘装置
陈业东	一种大棚果园割草机器人及其控制方法	曹乐平	脐橙有效酸度的无损检测方法
曹乐平	一种回转式自动栽苗机	曹乐平	成熟果实机器识别方法
曹乐平	部分遮挡的成熟期柑橘果实图像识别方法	曹乐平	成熟期柑橘果实图像识别方法
曹乐平	无遮挡的成熟期柑橘果实图像识别方法	蔡冬元	氨磺乐灵浸渍刺葡萄种子的倍性诱变方法
蔡冬元	戊炔草胺套罩刺葡萄芽的倍性诱变方法	蔡冬元	戊炔草胺浸渍刺葡萄种子的倍性诱变方法

附录10 2013—2022年度教师发表的部分论文

姓名	论文题目	刊物名称	姓名	论文题目	刊物名称
曹乐平	Studies on correlation between fruit and leaf of citrus based on fractal dimension	Research on Crops	邓荟芬	Cadmium phytoremediation potential of elephant grass cultivated on cadmium polluted land	Pak. J. Agri. Sci
邓荟芬	Effects of adding different concentrations of Aspergillus Niger inoculant on the quality of mixed rice straw silage	Pak. J. Agri. Sci.	邓荟芬	A Characterization and Comparative Analysis of Ovary Transcriptome in Locally Adopted Xiangxi and Angus Cattle	Pak. J. Agri. Sci.
邓荟芬	Effects of parity on raw milk production and composition related indices in chinese jersey cattle	Pak. J. Agri. Sci	邓荟芬	An assessment and prediction of milk production traits of Chinese Jersey cattle at different parities	Pak. J. Agri. Sci.
黄凌	Construction and analysis of indicators of labor education system based on gray correlation degree model	Computational Intelligence and Neuroscience	蒋瑞斌	An abrasion damage evaluation method of metal mechanical material for automotive chassis based on wavelet transform	International Journal of Materials and Product Technology

续表

姓名	论文题目	刊物名称	姓名	论文题目	刊物名称
李美君	Evaluating the Influence of Different Recommended Dietary Levels of Cu and Zn on Finishing Pigs	Frontiers in veterinary science	刘慧君	Research on the Status Quo and Path Expansion of International Communication of Chinese in Hunan from the Perspective of Internet	Basic & Clinical Pharmacology & Toxicology
刘慧君	The Application Research of Modern Information Technology in Cultural Inheritance	Basic & Clinical Pharmacology & Toxicology	刘琳静	Phase diagram calculation and predication of Au-Pd-Zr ternary system	RARE METALS
刘琳静	Stability, Mechanical Properties and Anisotropic Elastic Properties of GaxMgy Compounds	Materials Research	刘祝英	Effects of Dietary Supplementation of Lactobacillus delbrueckii on Gut Microbiome and Intestinal Morphology in Weaned Piglets	Frontiers in Veterinary Science
聂莹	Effects of Non - starch Polysaccharides on Inflammatory Bowel Disease	International Journal of Molecular Science	聂莹	Anti - hyperlipidemic effect of rice bran polysaccharide and its potential mechanism in high-fat diet mice	Food & Function
聂莹	Dietary nutrition and gut microflora: A promising target for treating diseases	Trends in Food Science & Technology	邵李理	Characterization of the complete chloroplast genome of styrax macrocarpus Styracaceae an endemic species from China	Mitochondrial DNA part B - resources

续表

姓名	论文题目	刊物名称	姓名	论文题目	刊物名称
谭胜国	Prevalence of Porcine Sapovirus in Suckling Piglets in Hunan Province, China	The Thai Journal of Veterinary Medicine	谭胜国	First Report Of Seroprevalence Of Toxoplasma Gondii In Domestic Geese In Hunan Proxince, Subtropical China	TropicalBiomedicine
汤起武	Prevalence and Genetic Characteristics of Japanese Encephalitis Virus Among Mosquitoes and Pigs in Hunan Province, China from 2019 to 2021	Journal of microbiology and biotechnology	汤起武	Epidemiological survey of four porcine reproductive disorder associated viruses of sows in Hunan Province during 2019 – 2021	Veterinary sciences
熊钢	Development and characterization of 18 microsatellite markers for the Babylonia lutosa	Conservation Genet Resour	熊钢	The Complete Mitochondrial Genome of the Babylonia Areolata	Mitochondrial DNA
熊钢	The Complete Mitochondrial Genome of the Babylonia Lutosa	Mitochondrial DNA	熊钢	Development and characterization of 35 microsatellite markers for the Babylonia lutosa	Conservation Genet Resour.
熊钢	Development and characterization of 26 EST–SSR markers for the Apalone spinifera	Conservation genetics resources	熊钢	Genetic variation in the Chinese soft – shell turtles (Pelodiscus spp) revealed by sequences of mitochondrial Cytb gene	Mitochondrial DNA Part A

续表

姓名	论文题目	刊物名称	姓名	论文题目	刊物名称
熊钢	Growth - related expressed sequence tag - sample sequence repeats EST - SSRs screen of Babylonia lutosa through transcriptome sequencing	Applied Ecology and Enviromental Research	熊钢	Mitochondrial genome of Neilupotamon papileonaceum, with its phylogenetic analysis	Mitochondrial DNA Part B
熊钢	The complete mitochondrial genome of the Rana sangzhiensis Shen and its phylogenetic analyses	Mitochondrial DNA Part B	熊钢	Sex - relevant genes in the embryo stage of Chinese soft-shelled turtles as revealed by RNA - Seq analysis	Animal Biology
徐持平	Study On Forms And Chemical Treatment Of Heavy Metals In Sewage Irrigation Soil	Fresenius Environmental Bulletin	徐平源	Seroprevalence of Mycoplasma ovipneumoniae in goats in Hunan province, China	Thai Journal of Veterinary Medicine
徐一兰	Effects of long-term fertilization practices on heavy metal cadmium accumulation in the surface soil and rice plants of double-cropping rice system in Southern China	Environmental Science and Pollution Research	徐一兰	Effects of Long - Term Fertilization Management Practices on Soil Microbial Carbon and Microbial Biomass in Paddy Soil at Various Stages of Rice Growth	Revista Brasileira de Ciencia do Solo
徐一兰	Effects of Short - Term Soil Tillage Management on Activity and Community Structure of Denitrifiers under Double - Cropping Rice Field	Journal of Microbioloty and Biotechnology	徐一兰	Microbial carbon source utilization in rice rhizosphere soil with different tillage practice in a double cropping rice field	Springer Nature

续表

姓名	论文题目	刊物名称	姓名	论文题目	刊物名称
徐一兰	Effects of fertilizer practice on fungal and actinobacterial cellulolytic community with different humified particle? size fractions in double? cropping field	Scientific Reports	姚栋萍	Effects of Salinity Stress at Reproductive Growth Stage on Rice Oryza sativa L. Composition, Starch Structure and Physicochemical Properties	Frontiers in Nutrition
尹晓科	The Effect Of Mixed Teaching Mode Based On Network Open Course And Intelligent Teaching Platform On Alleviating Students' Psychological Anxiety	International Journal of Neuropsychopharmacology	张朝辉	直喷离子化质谱简单快速鉴别关木通	分析化学
张朝辉	直喷离子化质谱法快速鉴别粉防己和广防己	分析化学	张朝辉	药品、环境和食品中马兜铃酸分析检测方法的研究进展	分析化学
张仲珍	基于可信概率的多关系数据聚类有效性分析模型	Securtity and Communication Networks	武凝玲	Analysis of Key Indicators Related to the Teaching of Floral Art Skills Competition Based on Fuzzy Hierarchical Model - Web of Science Core Collection	Scientific Programming

续表

姓名	论文题目	刊物名称	姓名	论文题目	刊物名称
黄芳	Analysis on the influence of college curriculum ideological and political collaborative education model on the development of college students' mental health	Psychiatria Danubina	刘芳	Research On The Positive Impact Of Ideological And Political Teaching On College Students' Mental Health	Psychiatria Danubina
刘慧君	Fuzzy Evaluation Model of Innovative Talents Based on Analytic Hierarchy Process	Journal of Advanced Oxidation Technologies	刘慧君	An Empirical Analysis of The Satisfaction to The Government on Rural Vocational Education Based on CSI Model	WOP in Education, Social Sciences and Psychology
刘慧君	The Research on the Cultivation of Agricultural Professional Talents under the Vision of Rural Revitalization	WOP in Education, Social Sciences and Psychology	喻凤香	High resolution gas chromatography analysis of rice bran oil	Proc. of SPIE
喻凤香	Safety quality and nutritional characteristics research of Rice Bran Oil	Advanced Materials Research	喻凤香	基于指纹图谱相似度的米糠油掺伪检测方法研究	中国粮油学报
喻凤香	Fatty Acid Analysis of Edible Oils	Advanced Materials Research	喻凤香	The Chemometrics Approach Applied to GC Data for the Analysis of Palm Oil in Rice Bran Oil	Advanced Materials Research

续表

姓名	论文题目	刊物名称	姓名	论文题目	刊物名称
尹晓科	Research on the Application of Blockchain Technology in Education and Teaching in Higher Vocational Colleges	2022 3rd Asia Service Sciences and Software Engineering Conference	杨培刚	The Design and Simulation of the Modular Vehicle Air Suspension Height Control System Based on ECAS	Sensors & Transducers
肖玥	基于风向预测的新型偏航控制方法	太阳能学报	王欣	The Resource -conserving and Environment-friendly Industrial System Development Pattern of Hunan Province	Trans Tech Publications
王静怡	The Organization of SMEs Innovation Research based on circular economy	ICREET 2014	王慧	豆渣不同菌种发酵后成分变化的研究	现代食品科技
刘慧君	The Innovative Application of Supply Chain + Agriculture in Hunan	2020 International Conference on Data Processing Techniques and Applications for Cyber-Physical	刘慧君	The Research on Cultural Communication Path Based on Big Data Analysis Technology	2020 International Conference on Data Processing Techniques and Applications for Cyber-Physical

续表

姓名	论文题目	刊物名称	姓名	论文题目	刊物名称
李婕	An AHP evaluation approach for financial ecological environment of scientific and technological small - medium enterprises——A case study in South central China.	International Journal of Simulation: Systems, Science & Technology.	管昕	Risk Prediction in E - commerce Mobile Payment Based on PSO - SVM	Proceedings of The 2021 International Conference on Bioinformatics and Intelligent Computing
管昕	Design of Comprehensive Service System for Fresh Food E-commerce under the Background	Journal of Physics: Conference Series	管昕	Research on the Development Direction of Marketing Models of Foreign Trade Enterprises in the New Era	E3S Web of Conferences
管昕	Model Design of Cross - border E-commerce Overseas Warehouse Location Selection Based on Game Theory	Proceedings of the 2021 International Conference on Bioinformatics and Intelligent Computing	管昕	Research on E-commerce Supplier Selection Based on Big Data Analysis Technology	Journal of Physics: Conference Series
曹乐平	椪柑果实病虫害的傅里叶频谱重分形图像识别	农业工程学报	曹乐平	基于为害状色相多重分形的椪柑病虫害图像识别	农业机械学报

附录11　2003—2022年度教师获教学科研成果奖

项目第一完成人	科研项目名称	奖励等级	授奖单位	项目第一完成人	科研项目名称	奖励等级	授奖单位
傅爱斌	田间耕读 一生一案：乡村振兴本土人才培养模式探索与实践	职业教育国家级教学成果奖二等奖	教育部	刘唐兴	高油分、高抗逆、高产量“三高”优质油菜新品种选育和推广	省科学技术进步奖一等奖	湖南省人民政府
喻凤香	粮食储藏与加工中的关键技术创新与产业化	省科学技术进步奖一等奖	湖南省人民政府	熊钢	中华鳖绿色生产关键技术应用与推广	省科学技术进步奖二等奖	湖南省人民政府
张朝辉	液膜应用基础研究	省科技进步奖二等奖	湖南省人民政府	李婕	国家火炬计划益阳先进制造特色产业基地科技创新资源共享服务系统研究与开发	省科学技术进步奖三等奖	湖南省人民政府
张建国	湘江水生生物资源与生态保护技术及应用	省科学技术进步奖三等奖	湖南省人民政府	刘登魁	湖南省再生稻丰产提质增效生产技术推广与应用	全国农牧渔业丰收奖一等奖	农业农村部

续表

项目第一完成人	科研项目名称	奖励等级	授奖单位	项目第一完成人	科研项目名称	奖励等级	授奖单位
刘蓉	月季耐逆分子机理研究	省自然科学奖三等奖	湖南省人民政府	雷晓英	水稻精简机械化深施肥技术集成创新与示范推广	全国农牧渔业丰收奖三等奖	农业农村部
程明玲	中棉所63等系列强优势杂交棉品种的选育与应用	全国农牧渔业丰收奖一等奖	农业农村部	陶抵辉	爱能系西瓜高效生产技术集成推广	全国农牧渔业丰收奖三等奖	农业农村部
吴碧波	长江棉区棉花轻简技术集成与示范推广	全国农牧渔业丰收奖二等奖	农业农村部	佘俭敏	湖南省农技人才队伍现状及农业职业院校办学困境调研报告	省教育科学研究优秀成果奖一等奖	湖南省教育厅
邓荟芬	湖南地区桂木1号杂交象草高效栽培与加工技术推广应用	全国农牧渔业丰收奖三等奖	农业农村部	史明清	传承“修业”精神，创新与实践“三纵三横”文化育人模式	省职业教育教学成果奖二等奖	湖南省教育厅
杨晓萍	耐高温棉花适应性的分子解析及新品种培育与推广应用	全国农牧渔业丰收奖三等奖	农业农村部	蒋瑞斌	“三得四真”农业装备技术技能人才培养十年探索	省职业教育教学成果奖二等奖	湖南省教育厅

续表

项目第一完成人	科研项目名称	奖励等级	授奖单位	项目第一完成人	科研项目名称	奖励等级	授奖单位
傅爱斌	跨界协同 一生一案：乡村振兴本土化人才培养研究与实践	省职业教育教学成果奖特等奖	湖南省教育厅	向晓	高职院校专门用途英语教学与研究	省教育科学研究优秀成果奖二等奖	湖南省教育厅
单武雄	农业高职院校培育新型职业农民的实践与探索	省教育科学研究优秀成果奖二等奖	湖南省教育厅	陈红媛	高职院校思想政治教育亲和力培育的理论研究与实践	省教育科学研究优秀成果奖三等奖	湖南省教育厅
谭黎明	民办高校的研究与实践	省教育科学研究优秀成果奖三等奖	湖南省教育厅	楚琼湘	基于核心竞争力培育背景下的涉农专业人才培养与服务能力研究与实践	省职业教育教学成果奖三等奖	湖南省教育厅
单再成	基于市场视角的高职院校经营管理研究与实践	省教育科学研究优秀成果奖三等奖	湖南省教育厅	谈再红	休闲农业专业产教融合创新发展研究与实践	省职业教育教学成果奖三等奖	湖南省教育厅
梁勇	职业教育“技能+”精准扶贫研究与实践	省职业教育教学成果奖一等奖	湖南省教育厅	吴碧波	桑蚕夏秋用斑纹限性品种湖南•滨×明•光的示范与推广	省农业丰收奖一等奖	湖南省农业农村厅

续表

项目第一完成人	科研项目名称	奖励等级	授奖单位	项目第一完成人	科研项目名称	奖励等级	授奖单位
邓荟芬	湘东黑山羊标准化生产关键技术推广应用	省农业丰收奖二等奖	湖南省农业农村厅	何德肆	规模化猪场饮用水线净化技术应用与推广	省农业丰收奖二等奖	湖南省农业农村厅
欧阳叙向	南方肉用山羊规模化健康养殖技术应用与推广	省农业丰收奖三等奖	湖南省农业农村厅	陶抵辉	西瓜新品种爱能、爱能5号高效生产技术集成与推广	省农业丰收奖二等奖	湖南省农业农村厅
雷晓英	甘薯新品种绿色高效产业技术集成与推广应用	省农业丰收奖一等奖	湖南省农业农村厅	刘登魁	湖南再生稻丰产提质增效生产技术推广与应用	省农业丰收奖一等奖	湖南省农业农村厅
黄乐佳	绿色食品水稻标准化生产技术推广与示范	省农业丰收奖三等奖	湖南省农业农村厅	彭兰丽	生猪环保健康养殖综合配套技术推广	省农业丰收奖二等奖	湖南省农业农村厅
黄芳	藤蔓的青春	学会成果奖一等奖	教育部高等学校思想政治理论课教学指导委员会	杨小华	紫秋葡萄生产标准体系推广应用	省农业丰收奖三等奖	湖南省农业农村厅

续表

项目第一完成人	科研项目名称	奖励等级	授奖单位	项目第一完成人	科研项目名称	奖励等级	授奖单位
贾劲松	高职思想政治理论线上线下混合教学模式研究	学会成果奖三等奖	中国职业技术教育学会	黄芳	培育身边典型，打造三农标杆	学会成果奖一等奖	中共湖南省直属机关工作委员会
胡赛	构建“精准营销”服务体系，打造“生机•书香”读书文化品牌，助力“优质校”建设	中国高职图书馆发展论坛二等奖	中国图书馆学会高职院校图书馆分会	白长城	4LZ－0.7 型全喂入水稻联合收割机	市科技进步奖三等奖	株洲市人民政府
李婕	一种基于信息交合法的科技成果转化服务平台研究与推广	市科学技术进步奖一等奖	益阳市人民政府	何德肆	山区中华竹鼠人工驯养繁殖技术研究与推广	农业丰收奖二等奖	湖南省农业厅
黄新文	农业部管理干部学院（中央农业干部教育培训中心）农业干部人才教育培训研究	市厅级课题奖二等奖	农业部管理干部学院	王仁祥	国外棉花种质资源的保存与利用研究	科学技术进步奖三等奖	湖南省科技厅

续表

项目第一完成人	科研项目名称	奖励等级	授奖单位	项目第一完成人	科研项目名称	奖励等级	授奖单位
肖君泽	高等职业教育园艺技术专业教学改革研究与实践	教学成果奖三等奖	湖南省教育厅	胡述光	牛羊疫病综合防制技术研究	科学技术进步奖三等奖	湖南省科技厅
邓建平	高职院校院内生产性园艺实训基地建设模式研究与实践	教学成果奖三等奖	湖南省教育厅	肖君泽	107 国道沿线（湖南段）稻田高效种植模式及产业化开发	农牧渔业丰收奖二等奖	农业部
欧阳中和	模具设计与制造专业教学改革研究与实践	教学成果奖三等奖	湖南省教育厅	傅爱斌	湘葛一号栽培及深加工技术推广	农业丰收奖一等奖	湖南省农业厅
欧阳叙向	以订单驱动为主导的高职畜牧兽医专业教学改革研究与实践	教学成果奖三等奖	湖南省教育厅	黄中培	大湘西 100 万亩红薯标准化生产及产业化推广	农业丰收奖一等奖	湖南省农业厅
陶抵辉	三个特优无籽西瓜新品种选育与推广	科学技术进步奖三等奖	湖南省科技厅	曾宪军	马铃薯新品种引进及配套技术研究与推广项目	农牧渔业丰收奖三等奖	农业部

续表

项目第一完成人	科研项目名称	奖励等级	授奖单位	项目第一完成人	科研项目名称	奖励等级	授奖单位
何建湖	“青草鲢镛四大家鱼原种苗种繁育与池塘养鱼技术”推广	农业丰收奖一等奖	湖南省农业厅	梁　勇	优耐特混合动力汽车教学实训开发系统	鉴定成果	天津市科学技术委员会

附录12 2003—2022年度国家级、省级重大、重点项目

项目主持人	科研项目名称	项目来源	项目主持人	科研项目名称	项目来源
曹乐平	柑橘生产管理辅助决策系统推广示范	科技部国家星火计划	陶抵辉	藤本植物研究利用与产业化	科技部国家星火计划
唐年青	城乡一体化视角下政府对农村职业教育供给效率评价及其改进研究	全国教育科学规划办重点课题	陶抵辉	南方大棚西瓜绿色生产技术集成与推广	中央财政农业技术推广项目
徐一兰	双季稻田根际土壤微生物群落结构及其多样性对长期施肥措施的响应机制	国家自然科学基金项目子项目	陶抵辉	藤本植物开发与利用	国家发展和改革委员会
谭黎明	利用非财政性国有资金举办高等学校的法律制度与研究	全国教育科学规划办重点课题	王宇	影响鳜肉质性状的MyHC亚型表达与肌纤维组型的分子机理	国家自然科学基金
刘唐兴	利用藤本植物治理湖南石漠化山区的综合技术	科技部星火计划	何德肆	山区中华竹鼠人工驯养繁殖技术推广与产业化	科技部星火计划
喻凤香	水稻副产品综合利用及安全品质检测课题研究	湖南省发展和改革委员会	唐年青	职业教育服务乡村振兴战略研究	湖南省职业教育创新发展重大攻关项目

续表

项目主持人	科研项目名称	项目来源	项目主持人	科研项目名称	项目来源
陶抵辉	优质多抗西瓜新品种爱能、爱能5号高效生产技术集成与产业化	湖南省科技计划重点项目	罗迈钦	新农村建设背景下的湖南农业高职院校特色发展研究	湖南省科学技术厅重点项目
肖淑兰	新视角高职财会专业课程“四维三度”模式研究	湖南省职业院校教育教学改革重点项目	刘唐兴	油菜移栽机的研制	湖南省科技厅重点研发项目
罗迈钦	农业高职教育与湖南现代农业发展整合研究	湖南省情与决策咨询研究课题重点项目	单武雄	中高等职业教育衔接研究	湖南省职业院校教育教学改革重点项目
吴易雄	我省推动农村土地经营权有序流转，构建新型农业经营体制的政策和机制研究	湖南省社科基金“为改革攻坚献策”重点项目	刘慧君	湖南汉语国际传播现状与路径拓展研究	湖南社会科学成果评审委员会重点课题
李益锋	乡村振兴战略背景下湖南乡土人才队伍建设研究——校地共建农民业余学校的运行模式	湖南省社会科学成果评审委员会重点课题	谭胜国	黔邵花猪种质资源保护与开发利用	湖南省科技厅重点研发项目
李运虎	低蛋白日粮下生长猪适宜蛋白质添加水平的研究	湖南省自然科学基金项目	李婕	湖南省科技型中小微企业融资体系与发展模式研究	湖南省科技计划重点项目
徐一兰	大麦-双季稻轮作系统中镉累积和运转机制研究	湖南省自然科学基金项目	杨杨	基于校企合作模式的“双师型”教师队伍建设研究	湖南省自然科学基金项目

续表

项目主持人	科研项目名称	项目来源	项目主持人	科研项目名称	项目来源
熊钢	温度诱导中华鳖性别分化的关键基因鉴定及决定机制研究	湖南省自然科学基金项目	熊钢	中华鳖卵泡发育基因鉴定及作用机制研究	湖南省自然科学基金项目
喻凤香	基于指纹图谱的玉米胚芽油掺伪甄别技术研究	湖南省自然科学基金项目	吴易雄	藤本植物的景观生态科普开发展与利用	省级科学技术普及专项
廉良冲	微机控制高速电机转子动平衡动态连续配平控制系统研究	湖南省自然科学基金项目	张朝辉	马兜铃酸植物毒素的 GC-MS 筛查方法研究	湖南省自然科学基金项目
葛玲瑞	基于高多态性 MHC 基因的中华鳖抗病分子标记筛选及应用研究	湖南省自然科学基金项目	邓荟芬	牛瘤胃兼性厌氧纤维素分解菌对苎麻青贮纤维素降解的研究	湖南省自然科学基金项目
李婕	基于极限学习机的中小企业创新创业信心预测研究	湖南省自然科学基金项目	徐一兰	长期施肥下双季稻田根际微生物对土壤碳、氮转化机制研究	国家自然科学基金项目子项目
王刚	混合所有制职业院校非公有资本盈利困境及创新机制研究	湖南省自然科学基金项目	王欣	美国贸易逆差的可持续研究	全国哲学社会科学规划课题子课题
汤起武	湘西黄牛大肠杆菌耐药性与耐药基因分布情况研究	湖南省自然科学基金项目	苏璇	科学家精神融入新时代涉农高职院校课程思政研究	湖南省哲学社会科学规划基金项目

续表

项目主持人	科研项目名称	项目来源	项目主持人	科研项目名称	项目来源
毛频	法治新常态下高职学生法治信仰培育研究	湖南省哲学社会科学规划基金项目	许辉	“中高职五年一贯制”思想政治理论课程衔接的研究与实践	湖南省哲学社会科学规划基金项目
肖淑兰	城乡一体化背景下农村土地增值收益研究	湖南省科技计划项目	吴易雄	藤本植物的景观生态科普开发与利用	湖南省科学技术普及专项
杨培刚	汽车用新型真空压力传感器的研制	湖南省科技计划项目	喻凤香	米糠精深加工技术研究	湖南省科技计划项目
高建华	基于 SQLite3 的 iphone 智能手机取证研究	湖南省科技计划项目	张朝辉	薜荔功能性产品开发的关键技术研究与应用	湖南省科技计划项目
李青阳	乡村振兴背景下湖南新型农业经营主体金融支持研究	湖南省哲学社会科学规划基金项目	曾晓楠	沼液中生理活性物质的高效液相色谱检测与花卉主要病虫害防效研究	湖南省科技计划项目
周丰	微时代视域下高职大学生社会主义核心价值观培育研究	湖南省哲学社会科学规划基金项目	刘羽平	乡村人才振兴视域下职业教育反贫困的作用机理及实现路径研究	湖南省哲学社会科学规划基金项目
梁勇	混合所有制职业院校投资退出的模式、评价与防范研究	湖南省哲学社会科学规划基金项目	吴政清	“三全育人”视域下湖湘优秀传统文化融入大学生思想政治教育研究	湖南省哲学社会科学规划基金项目

续表

项目主持人	科研项目名称	项目来源	项目主持人	科研项目名称	项目来源
王静怡	“互联网+”背景下湖南省高职教育区域资源的“共享”研究	湖南省哲学社会科学规划基金项目	李丹	精准扶贫视域下农村贫困人口获得感研究	湖南省哲学社会科学规划基金项目
黄金梓	公共危机视域下农村生态扶贫研究	湖南省哲学社会科学规划基金项目	管昕	基于产教融合的高职跨境电商人才培养路径研究	湖南省哲学社会科学规划基金项目
戴园园	人类命运共同体视域下传统文化融入高职思想政治教育的路径研究	湖南省哲学社会科学规划基金项目	王刚	高职学生“工匠精神”培育的评价与激励机制研究	湖南省哲学社会科学规划基金项目
管昕	基于CIPP模型的高职创新创业教育质量评价体系研究	湖南省哲学社会科学规划基金项目	史明清	基于混合所有制的校内生产性实训基地产教融合办学模式改革试点	湖南省教育体制改革试点项目
黄芳	高职院校“思政课程”和“课程思政”协同育人的研究与实践	湖南省哲学社会科学规划基金项目	贾劲松	现代学徒制视域下大学生思想政治教育协同创新研究	湖南省哲学社会科学规划基金项目
方向阳	高职学校院系两级管理体制改革理论与实践研究	湖南省教育科学规划办重点项目	李婕	湖南省科技型中小微企业融资体系与发展模式研究	湖南省科技厅重点项目
向晓	高职院校专门用途英语课程教学内容和教学方法的改革研究与实践	湖南省教育厅教学改革项目重点项目	陶抵辉	藤本植物石漠化治理技术应用研究	湖南省发展和改革委员会

续表

项目主持人	科研项目名称	项目来源	项目主持人	科研项目名称	项目来源
唐年青	《商务英语》精品课程建设（高教社）	湖南省教育厅教学改革项目重点项目	吴易雄	亚热带地区藤本植物研究与应用	湖南省科技厅重大项目
楚琼湘	现代农业发展背景下高职农业专业核心竞争力培育研究	“十二五”教科规划重点课题	—	—	—

后　记

又是一个从耕耘到收获的十年，又看一番从新绿转葱茏的景象。

在学校即将迎来120周年华诞的重要历史时刻，我们决定再次修订并出版《百年辉煌——湖南生物机电职业技术学院简史》。回顾上次修订出版还是2013年学校举办110周年校庆庆典时的事。

重修《百年辉煌》是我们对学校百廿华诞的高规格献礼，但又不只是校庆献礼这么简单。

从2017年我履新算起，六载光阴，作为学校的一分子，我充分感受到了学校蓬勃发展的强劲动力。特别是2019年学校成功入选国家“中国特色高水平高职学校和专业建设计划（双高计划）”高水平专业群建设单位，跻身全国高职院校高质量发展第一方阵的喜讯传来，全校上下无不为之振奋，学校内外无不为之沸腾。

我一直在思考，学校120年来弦歌不辍、历久弥新的秘诀是什么？

《百年辉煌》里，有我要的答案。这力量上承周震鳞等一代修业创业人的勇毅果敢，彭国钧、姚舜生等二代主事人的“磨血”意志、“黄牛”精神，后启罗特、刘计等十多代领航人的力耕不欺，接续奋斗。而今，历史的接力棒交到了我们这一代人的手上。我相信，只有在对学校历史的一遍遍回顾，一次次梳理，一声声叩问中，我们才能看清昔日之“修业”，读懂今日之“生机”，擘画来日之辉煌。修业精神作为楚怡职教精神在农职领域的具体体现，一定会在我们这代人的手上继续得以传承、光大。

再版《百年辉煌》基本保留了前版的体例框架，书中前四章维持前版原貌；新增了第五章，该章节集中反映2013年以来学校所取得的各项发展建设成果。

需要特别强调的是，此书的二次修订和再版工作既得到了湖南省教育厅、湖南省档案馆等上级部门的关怀与指导，也离不开学校历任校领导及老同志对我们工作给予的支持和帮助，同时，梁勇、李翠芳、庄洁同志为校史的编撰与修改翻阅大量资料，严谨和负责任的态度令人动容。此外，编写组的同志们不辞劳苦、精益求精，全身心投入资料收集和图文处理工作，在他们身上我们看到了老一辈修业人的精神风貌，在此一并致以崇高的敬意，并表示衷心的感谢！

此书付梓在即，我内心百感交集。再版《百年辉煌》是我们当代修业人的期盼，是修业人自己的喜事，但受编者水平、资料匮乏、时间紧迫等因素的影响，书中疏漏在所难免，不当之处敬请批评、指正。

新竹高于旧竹枝，全凭老干为扶持。谨以此书献给120年来为开垦、建设这块热土呕心沥血、团结奋斗的修业教员和学子，以及为学校的发展壮大、繁荣兴旺做出贡献的人们！

最后，愿我们踏着老一辈修业人的足迹，走出新一代修业人的风采；愿学校明天跃上葱茏，再创辉煌！

2023年6月26日